CURRÍCULO E POLÍTICAS PÚBLICAS

Organização
Luiz Alberto Oliveira Gonçalves

Eloisa Helena Santos
Genylton Odilon Rêgo da Rocha
Josenilda Maués
Michael W. Apple
Olgaíses Maués
Rosemary Dore Soares

CURRÍCULO E POLÍTICAS PÚBLICAS

2ª edição

autêntica

Copyright © 2003 by Os autores

Capa
Jairo Alvarenga Fonseca
(Sobre pintura de August Macke, *Kairuan III*, 1914)

Editoração eletrônica
Waldênia Alvarenga Santos Ataíde

Revisão
Vera Lúcia De Simoni Castro

Todos os direitos reservados pela Autêntica Editora. Nenhuma parte desta publicação poderá ser reproduzida, seja por meios mecânicos, eletrônicos, seja via cópia xerográfica, sem a autorização prévia da editora.

	Gonçalves, Luiz Alberto Oliveira
G635c	Currículo e políticas públicas / Luiz Alberto Oliveira Gonçalves. — 2. ed. — Belo Horizonte: Autêntica, 2014.
	152 p.
	ISBN 85-7526-101-0
	1.Currículo escolar. 2.Política educacional. I.Título.
	CDU 371.214.14
	37.014.5

Belo Horizonte
Rua Carlos Turner, 420
Silveira . 31140-520
Belo Horizonte . MG
Tel.: (55 31) 3465 4500

São Paulo
Av. Paulista, 2.073, Conjunto Nacional, Horsa I
23º andar . Conj. 2310-2312 Cerqueira César
01311-940 São Paulo . SP
Tel.: (55 11) 3034 4468

www.grupoautentica.com.br

Sumário

07   **Apresentação**
Luiz Alberto de Oliveira Gonçalves

09   **Os organismos internacionais e as políticas públicas educacionais no Brasil**
Olgaíses Maués

29   **Processos de produção e legitimação de saberes no trabalho**
Eloisa Helena Santos

41   **A pesquisa sobre currículo no Brasil e a história das disciplinas escolares**
Genylton Odilon Rêgo da Rocha

63   **A pesquisa educacional no Brasil sobre o programa da escola nova**
Rosemary Dore Soares

105   **Vestígios de investigações sobre currículo e formação de professores**
Josenilda Maués

127   **Comparando projetos neoliberais e desigualdade em educação**
Michael W. Apple

149   **Os autores**

Apresentação

Em um país da dimensão do Brasil, o contato entre docentes e alunos de universidades sempre foi um problema em busca de soluções. É certo que o apoio dado a eventos em determinado momento, a organização de sociedades científicas que promoveram encontros de qualidade, numerosos ou não, e a congregação de pesquisadores nessas instâncias, facilitaram o crescimento do intercâmbio e, portanto, da produção científica em geral. O PROCAD – Programa de Cooperação Acadêmica –, que visa à produção de pesquisa integrada, veio cobrir algumas das lacunas ressentidas.

A associação da Universidade Federal de Minas Gerais com a Universidade Federal do Pará dentro desse programa, incorporando docentes em nível de doutorado, teve como um dos resultados a promoção do Seminário Política Educacional e Currículo, do qual este livro é resultado. O seminário, ocorrido em Belém, entre os dias 16 e 18 de dezembro de 2002 contou ainda com a importante participação de Michael Apple, professor da Universidade de Wisconsin (USA), que gentilmente aceitou partilhar sua experiência e seus conhecimentos com os professores e participantes do seminário.

Os textos deste livro apresentam tanto a importância da temática quanto a sua diversidade e, mesmo que não diretamente, é possível estabelecer um elo entre eles. Tendo como pano de fundo as políticas levadas a efeito no País (e no mundo), os artigos mostram, por exemplo, a trajetória dos estudos que hoje permitem uma elaboração teórica sobre as questões que a implantação e a implementação de currículos impõem – como é o caso dos artigos "A pesquisa sobre currículo no Brasil e a história das disciplinas escolares" e "A pesquisa educacional no Brasil sobre o programa da escola nova". Também o artigo "Vestígios de investigações sobre currículo e formação de professores", considera, em outro estilo, essa importante articulação.

As questões mais diretamente ligadas às políticas na Educação e no Trabalho, e seus efeitos diretos, estão presentes nos artigos: "Os organismos internacionais e as políticas públicas educacionais no Brasil", "Processos de produção e legitimação de saberes no trabalho" e "Comparando projetos neoliberais e desigualdade em Educação".

Os leitores deste livro devem estar cientes de que o resultado do esforço envidado nas pesquisas realizadas, na exposição dos seus resultados em forma de seminário e na produção dos textos que visam agora a atingir um público mais amplo não traz a "revolução" desse campo de estudo, e muito menos a palavra final sobre o assunto. Este é um material dirigido a professores e alunos que se dispõem a aprofundar e a estender a reflexão sobre um assunto tão debatido em nossos dias.

Agradeço aos autores dos textos que prontamente atendiam quando solicitados, às Universidades Federais do Pará e de Minas Gerais, que, mais uma vez, honraram a tradição das universidades públicas na produção científica de qualidade, e, em especial, à CAPES e à PROCAD, que viabilizaram todas as etapas deste projeto.

Luiz Alberto de Oliveira Gonçalves
Faculdade de Educação/UFMG

Os organismos internacionais e as políticas públicas educacionais no Brasil

Olgaíses Maués

Este texto tem como objetivo apresentar alguns dos resultados parciais de uma pesquisa denominada "As Mutações no Mundo do Trabalho e as Políticas de Formação do Profissional da Educação"[1], que analisa alguns aspectos dessas mudanças e suas influências na educação, sobretudo aquelas relacionadas às políticas de formação de professores. Para tanto, em um primeiro momento, analisaremos a interferência que a globalização, o neoliberalismo e os organismos internacionais vêm desempenhando na definição das políticas educacionais, implantando o "pensamento único" que visa a uma homogeneização na formação de um trabalhador pronto a atender às exigências do mercado. Uma segunda parte procurará analisar a conotação que tem sido dada às reformas na educação, como política pública, como instrumento de regulação social que busca o equilíbrio e a homeostase social, servindo à conformação de uma ideologia que vê na competitividade e no lucro as únicas razões de existência. Uma terceira parte procurará analisar as principais características das políticas de formação de professores, identificando os eixos sobre os quais as reformas estão assentadas e o que isso pode representar na formação de cidadãos e cidadãs. Finalmente, analisaremos algumas alternativas que vêm se apresentando como políticas educacionais, representando possíveis saídas para esse momento

---

[1] Esta pesquisa está sendo financiada pelo CNPq, tendo iniciado em fevereiro de 2002 e com o término previsto para agosto de 2004.

em que a educação vem sendo tratada como uma mercadoria. O papel que os movimentos sociais, os sindicatos, as organizações não governamentais vêm desempenhando mediante a realização de conferências, seminários, debates, publicações, construção de propostas que apontam as saídas viáveis para esse mundo mercantilizado também será objeto de apreciação.

O caráter das políticas públicas

As políticas públicas têm se caracterizado nas últimas décadas, no Brasil, por uma racionalidade técnica, instaurada por meio do paradigma político que pode ser identificado com o neopragmatismo. A lógica dessas políticas tem sido a institucionalização das determinações de organismos internacionais que veem na Educação um dos meios para a adequação social às novas configurações do desenvolvimento do capital. Esses organismos, como é o caso do Banco Mundial, têm exigido dos países periféricos programas de ajuste estrutural visando à implantação de políticas macroeconômicas, que venham a contribuir para a redução dos gastos públicos e a realocação de recursos necessários ao aumento de superávits na balança comercial, buscando com essas medidas aumentar a eficiência do sistema econômico. Para que esses países sejam incluídos no processo de globalização capitalista, essas exigências básicas têm uma influência direta sobre a determinação das políticas públicas, sobretudo àquelas de caráter social, tendo em vista os cortes no orçamento e a diminuição dos gastos públicos que as medidas recomendadas representam.

Entendendo as políticas educacionais como uma das políticas sociais, portanto como uma política pública , isto é como uma "atividade ou conjunto de atividades que, de uma forma ou de outra, são imputadas ao Estado moderno capitalista ou dele emanam" (SHIROMA, 2002, p. 7), a sua análise só pode se dar com base na compreensão do projeto social do Estado que as determina e as abriga. A nova ordem mundial tem no neoliberalismo seu respaldo econômico e político, assentando-se no princípio da não intervenção estatal na economia, a fim de facilitar uma melhor mobilidade do capital. Dessa forma, na cartografia geopolítica e econômica do sistema mundo, os Estados dos países periféricos passam a se conformar também a essa ideologia apresentada pelos países centrais, como uma proposta hegemônica para a saída da crise do capitalismo, em função, dentre outras causas, do esgotamento do modelo fordista/keynesiano. É nessa configuração que o Estado neoliberal se instala, como uma espécie de reforço ao capitalismo como modo de produção e de vida, aumentando as divisões sociais na medida em que incentiva a competitividade, instituindo o darwinismo social.

O projeto social do Estado Neoliberal é a "máxima fragmentação da sociedade em que diferentes grupos minoritários não conseguem constituir-se numa maioria capaz de questionar a hegemonia em vigor – é a melhor forma para a reprodução do sistema" (HARNECKER, 2000, p. 210). É ainda, segundo Binder (apud HARNECKER, p. 212), uma fabricação de grupos sociais isolados, que geram práticas de guerra entre si, fortalecendo os grupos hegemônicos que obtêm o controle social. É, portanto, o projeto de sociedade concebido pela classe hegemônica que visa à acumulação ampliada do capital, valendo-se para tanto da racionalidade econômica caracterizada pela lógica da eficiência, da eficácia e da otimização de recursos.

É esse Estado instrumentalizado, com um projeto de fragmentação social, e produtivista em função da dependência econômica dos países centrais, que vai instituir políticas públicas, no afã de se adequar às exigências do capital internacional. Na realidade, para alguns autores (PERONI, 2000; AZEVEDO, 1997), as políticas públicas não são determinadas pelas mudanças no papel do Estado, mas são partes constitutivas dessas mudanças, dando "visibilidade e materialidade" a elas e ao próprio Estado. Assim, as políticas educacionais brasileiras, como parte das políticas públicas, passam a ser formuladas, sobretudo na década de 1990, visando a contribuir com os fins de ajuste do Estado que está se reformando, num trabalho que teve destaque a partir de 1996 com a criação do Ministério da Administração e Reforma do Estado – MARE. A principal justificativa para essa reforma era a crise fiscal pela qual o Estado estava passando, buscando-se como estratégia de solução a flexibilização e a descentralização do aparelho do Estado (PEREIRA, 1995, p. 8). É dentro dessa conjuntura, isto é das reformas que o Estado brasileiro passa a fazer para se alinhar às políticas econômicas definidas pelos organismos internacionais, visando ao pagamento da dívida e à estabilidade monetária, que as políticas educacionais são elaboradas.

Assim, as políticas públicas surgem no cenário da globalização como forma de regulação social e de ajuste estrutural, como um mecanismo formal (Estado) e informal (sociedade civil) que estruturam o conjunto de setores da vida social, política e econômica, nas dimensões pública e privada e que, no caso específico do Brasil, apontam para uma concepção produtivista e mercantilista, procurando desenvolver habilidades e competências definidas pelo mercado, o que possibilitaria a empregabilidade (FRIGOTTO, 2001, p. 64).

O mundo em transformação

As mudanças que ocorreram na estrutura da sociedade, principalmente no processo de trabalho, com a introdução de novas tecnologias e com o esgotamento do fordismo que dominou o mundo por um século, passaram a exigir a formação de outro trabalhador, mais flexível, eficiente e polivalente.

A escola que preparou o trabalhador para um processo de trabalho assentado no paradigma industrial, que foi o fordismo, com a rígida separação entre a concepção do trabalho e a execução padronizada das tarefas, deixou de atender às demandas de uma nova etapa do capital. Essa escola passou a ser criticada e responsabilizada pelo insucesso escolar, pelo despreparo dos alunos ao término dos estudos, pela desvinculação dos conteúdos ensinados e das novas demandas oriundas do mundo do trabalho assentado no paradigma informacional. Da mesma forma, os professores passaram a sofrer profundas críticas, havendo uma espécie de responsabilização desses em relação a esse "fracasso" escolar. A formação desses profissionais passou a ser vista como muito "teórica", desvinculada de uma prática efetiva e afastada das demandas das escolas e da sociedade. Essas análises realizadas por alguns organismos internacionais parecem apontar para um só caminho: o sistema educacional precisa passar por uma reforma visando a qualificar melhor as pessoas para enfrentarem um mundo mais competitivo, mais afinado com o mercado, um mundo globalizado, entendendo-se por tal um processo sócio-histórico que apresenta dimensões ideológicas, que cria outra ordem econômica e outro processo civilizatório, representando uma nova etapa do capitalismo mundial.

É nesse contexto de globalização e neoliberalismo, este como um constructo ideológico do primeiro, que vai se dar uma intervenção mais direta dos organismos internacionais nos Estados-nação, dentre outras formas, por meio da educação, objetivando alinhá-los a essa nova ordem econômica, política e social. Os organismos internacionais passaram a determinar as metas que os países devem atingir, também em matéria de educação. Assim é que alguns organismos assumiram de forma velada o papel dos Ministérios de Educação, sobretudo nos países em desenvolvimento. Pode-se citar algumas das instituições que têm estado à frente das definições das políticas educacionais no mundo: Organização dos Estados Americanos (OEA), Banco Interamericano de Desenvolvimento (BID), Banco Mundial (BM), Comunidade Europeia (CE), Organização de Cooperação e Desenvolvimento Econômico (OCDE), Programa das Nações Unidas para o Desenvolvimento (PNUD), Programa de Promoção das Reformas Educativas da América Latina e Caribe (PREAL). Mediante a realização de Fóruns, como o de Jomtien em 1990, ou o de Dacar (Senegal), em 2000, ou de Conferências internacionais como a realizada em Lisboa (Portugal), em 2000, ou a Cúpulas das Américas realizada em 2001, no Quebec (Canadá), o Banco Mundial tem estado à frente das definições das políticas educacionais para os países da América Latina, tendo elaborado diferentes documentos, dentre os quais destacam-se Prioridades e Estratégias para a Educação de 1995. Nesse documento, propõe reformas a serem feitas pelos países em desenvolvimento, a fim de que a educação possa contribuir para o crescimento econômico e a diminuição da pobreza; as políticas educacionais devem estar assentadas no tripé equidade, qualidade e redução da distância entre reforma educativa e reformas das estruturas econômicas (BM 1995).

As reformas educacionais como política pública para a América Latina

O Programa de Promoção das Reformas Educativas na América Latina e Caribe, (PREAL[2]), no dizer de Santos (2001), tem sido o intelectual orgânico do capital que tem como missão impulsionar o diálogo regional sobre a política educacional e a reforma educativa. Seus principais objetivos são ampliar a base de apoio para realizar as reformas fundamentais no sistema educativo; fortalecer as organizações que promovem as melhores políticas; identificar e difundir as melhores práticas em matéria de reforma. O PREAL foi constituído pelo *The inter-american dialogue* (IAD), organização americana, e pela *Corporation for development research* (Cinde), canadense, em 1995.

Numa avaliação feita pelo PREAL em 2000, publicada sob o título "Reformas educativas na América Latina. Balanço de uma década", os anos de 1990 são caracterizados pelo investimento de tempo, talento e recursos para a modernização da gestão dos sistemas de educação pública, na oferta de iguais oportunidades de acesso a uma educação de qualidade, além da preocupação em fortalecer a profissão docente, aumentar o investimento em educação e abrir os sistemas educacionais às demandas sociais. No entanto, sempre de acordo com a análise feita, essas políticas educacionais definidas e priorizadas não apresentaram os resultados esperados, ou seja, a criação de sistemas mais eficientes, equitativos e modernos. As razões encontradas para entender e explicar esse "progresso insuficiente" são de diversas ordens: (1) como a possível inadequação das políticas aos objetivos traçados de qualidade, equidade, eficiência[3] e participação; (2) escasso tempo para que as reformas apresentassem resultados; ou ainda (3) a falta de uma maior vinculação entre os processos de reforma e outras estratégias como a reforma do Estado. De qualquer maneira, a análise feita indica um avanço representado pela situação intermediária entre o sistema tradicional e um sistema moderno, havendo um destaque para a urgência em acelerar esse processo tendo em vista a necessi-

---

[2] Os países que fazem parte são Argentina, Bolívia, Brasil, Colômbia, Chile, República Dominicana, Costa Rica, El Salvador, Guatemala, México, Nicarágua, Panamá, Paraguai, Peru, Uruguai.

[3] Para o Preal esses termos significam: qualidade – melhores resultados em termos de aprendizado escolar, trabalho produtivo e atitudes sociais; eficiência – melhor uso dos recursos e busca de novas opções financeiras; equidade representa a participação e atenção prioritária aos grupos excluídos. Reformas educativas na América Latina..., 2000, p. 5.

dade de os países da região tornarem-se mais competitivos. Nesse contexto, o PREAL enfatiza o fato de que a educação adquiriu uma centralidade renovada, e aponta, com base em diagnósticos feitos sobre a situação, alguns problemas a serem resolvidos. Dentre eles destaca-se a má qualidade do ensino traduzida pelas taxas de repetência e evasão e pelo baixo escore nas avaliações realizadas. Outro aspecto refere-se à desvinculação entre o que é ensinado nas escolas e o que é demandado pelas ocupações e pela sociedade. O documento evidencia a "deterioração das condições de trabalho dos professores e desprestígio da profissão, o que acaba influindo na qualidade do ensino e na possibilidade de atrair jovens motivados e talentosos para o magistério".

Ao mesmo tempo em que esse diagnóstico é feito, são apontadas "algumas orientações e eixos de política" para possibilitar a chamada "centralidade da educação". Recomenda-se "investir mais, administrar melhor e testar modelos de alocação de recursos vinculados a resultados" e "formar melhores professores, eliminar a burocracia e melhorar a orientação dos processos educativos, além de fortalecer a capacidade de gestão dos diretores das escolas". O documento em questão, "Reformas educativas na América Latina...", arrola a posição de alguns organismos internacionais, que é a fonte primeira para que o PREAL venha também estabelecer as políticas educacionais para a região. Esses organismos, como a Cepal/Unesco, elaboram propostas, tais como a diversificação das fontes de financiamento, que deverá buscar recursos privados, a melhoria da forma de seleção, de formação e remuneração dos professores. O Banco Mundial, como um dos responsáveis pelo "desenho de políticas e da determinação de prioridades e estratégias para a educação e sua reforma", propõe que as políticas possam assegurar "professores mais qualificados, motivados e abertos às correntes contemporâneas da educação". Já o Banco Interamericano de Desenvolvimento (BID) aponta algumas políticas, tais como "dar maior ênfase ao rendimento dos professores e a sua responsabilidade pelos resultados".

A partir da avaliação realizada, do diagnóstico elaborado, das propostas de outros organismos internacionais, o PREAL define quatro eixos de políticas "em torno dos quais desenharam-se estratégias, programas e projetos de inovação e mudança". Os eixos de política e as estratégias/ programas são os seguintes:

Eixos de Política	Estratégias
Gestão	
	Descentralização administrativa e pedagógica
	Fortalecimento das capacidades de gestão
	Autonomia escolar e participação local

	Melhoria dos sistemas de informações e gestão
	Avaliação/aferição de resultados, prestação de contas à sociedade
	Participação dos pais, governos e comunidades locais
Equidade e Qualidade	Enfoque nas escolas mais pobres dos níveis básicos
	Determinação positiva para grupos vulneráveis
	Reformas curriculares
	Fornecimento de textos e material de instrução
	Extensão da jornada escolar/aumento de horas de aula
	Programas de melhoria e inovação pedagógica
	Enfoque nas escolas mais pobres dos níveis básicos
Aperfeiçoamento dos Professores	Desenvolvimento profissional dos docentes
	Remuneração por desempenho
	Políticas de incentivo
Financiamento	Subsídio à demanda
	Financiamento compartilhado
	Mobilização de recursos do setor privado
	Redistribuição/impostos x educação
	Uso efetivo de recursos existentes (racionalização)

Segundo a avaliação do PREAL, essas políticas foram adotadas, em parte, pelos países membros, sendo que, no caso do Brasil, o qual passaremos doravante a enfocar mais especificamente, foram estabelecidas reformas a fim de atender aos objetivos das políticas formuladas. Assim, as reformas brasileiras foram na direção da reorganização institucional e da descentralização administrativa, do fortalecimento da autonomia das escolas (curricular, pedagógica, financeira), da melhoria da qualidade, equidade, de elaboração de programas com enfoque no fornecimento de material, equipamentos e na melhoria da infraestrutura, das reformas curriculares, da maior dignidade à função docente e do aperfeiçoamento dos professores e do aumento do investimento em educação.

Em um documento intitulado "A Educação para o Século XXI: o desafio da qualidade e da equidade", datado de 1999, publicado pelo PREAL, são analisadas as políticas educacionais do governo brasileiro. Os eixos definidos para o estabelecimento das políticas para a área, a partir de 1995, foram os de promoção da melhoria da qualidade e da equidade. Para a execução desses eixos, foram estabelecidas as seguintes políticas e ações, segundo o documento em questão:

(1) Políticas de descentralização, promoção de equidade e fortalecimento da escola pública – Ações desenvolvidas: criação do FUNDEF, Programa Dinheiro na Escola, representando a descentralização das atividades, Programa Nacional de Alimentação Escolar, Fundescola, Programa Alfabetização Solidária, Informatização das Informações.

(2) Políticas para a melhoria da qualidade da educação básica, implicando a consolidação do Sistema Nacional de Avaliação da Educação Básica (SAEB), a avaliação pedagógica qualitativa dos livros didáticos e a elaboração e distribuição do Guia de Avaliação do Livro Didático; a formulação dos Parâmetros Curriculares Nacionais (PCNs) para o ensino fundamental, educação infantil, ensino médio, educação de jovens e adultos, educação indígena; divulgação dos referenciais para a formação de professores para a educação infantil e séries iniciais do ensino fundamental; Programa de Aceleração de Aprendizagem; Programa TV Escola, Programa Nacional de Informática na Educação (Proinfo), Reforma da Educação Profissional, Reforma do Ensino Médio; a implantação do Exame Nacional do Ensino Médio (ENEM), o Programa Acorda Brasil e a campanha Toda Criança na Escola..

(3) Políticas de expansão e melhoria do Ensino Superior, para tanto devendo ser feita a reorganização do sistema de ensino, para permitir a diversificação institucional (Decreto n. 2306/97), a consolidação do sistema de avaliação através da implantação do Exame Nacional de Cursos (ENC), que ficou nacionalmente conhecido como Provão; a elaboração das Diretrizes Gerais dos Currículos de Graduação; a criação da Gratificação de Estímulo à Docência (GED); o incentivo à titulação docente; a definição dos critérios para o processo de escolha dos dirigentes; a reformulação do sistema de avaliação da pós-graduação.

A organização da sociedade civil mediante seus fóruns representativos tem exercido um papel de pressão em relação às políticas e às reformas que estão sendo implantadas no Brasil, tendo por vezes conseguido alterar, mesmo que minimamente em função da correlação de forças muito desigual, alguns aspectos das estratégias de ação, e dado maior visibilidade às questões e aos seus desdobramentos, suscitando debates e manifestações. Essas ações têm sido vistas como obstáculos para implementação das reformas[4] e a manifestação de

---

[4] Documento "Aspectos políticos na implementação das reformas educacionais", CORRALES, 2000, produzido pelo PREAL

alguns intelectuais vinculados ao PREAL é de que "infelizmente, porém – e principalmente por razões políticas –, é frequente ver-se que reformas educativas significativas não são aprovadas, ou implementadas" (CORRALES, 2000, p. 51). Esse autor faz uma análise sobre os aspectos que estão impedindo a definição das políticas e a implantação das reformas e que devem ser alterados, segundo a sua óptica, como é o caso específico do papel dos Sindicatos dos Docentes, sobre os quais uma forte acusação é feita, imputando a esses uma grande responsabilidade pela não realização dos objetivos e metas propostos pelos programas internacionais. Os professores sindicalistas são acusados de serem "políticos profissionais que desenvolvem suas carreiras no ativismo sindical. [...] tais dirigentes vêm geralmente de partidos de esquerda [...] Logo, os dirigentes sindicais têm mais incentivos para provocar conflitos" (CORRALES, 2000, p. 14).

Em 2001 (documento "Ficando para Trás, um Boletim da Educação na América Latina"), alguns indicadores educacionais são avaliados pelas equipes do PREAL, mostrando o desempenho dos alunos em exames nacionais e as desigualdades sociais reforçadas pela escola. Com base nessas análises, o Programa propõe ações, em geral traduzidas por políticas educacionais e por reformas nos sistemas, que deverão atingir um nível internacional. O documento conclama "os formuladores de políticas, as lideranças comunitárias e políticas, os educadores, homens e mulheres de negócios, pais e alunos a trabalharem juntos ...." para apoiarem algumas ações, tais como: o estabelecimento de padrões nacionais de conteúdo e desempenho para a educação, o fortalecimento do sistema de avaliação, a reformulação "radical" do treinamento dos professores, a revitalização da profissão docente "instituindo avaliações profissionais, pagamento por mérito e consequências para o desempenho deficiente", o aumento e redistribuição do gasto público.

As políticas educacionais brasileiras para a formação de professores

As políticas educacionais brasileiras, como políticas consentidas pelo governo em relação às exigências dos organismos internacionais, têm colocado destaque na Gestão, na Equidade e Qualidade, no Financiamento e no Aperfeiçoamento Docente. O desenvolvimento dessas políticas tem como objetivos a reorganização institucional e a descentralização da gestão; o fortalecimento da autonomia das escolas (pedagógica, curricular, financeira), a melhoria da equidade e qualidade, as reformas curriculares e o aperfeiçoamento docente.

Para o Ministério da Educação e Cultura (MEC), a Lei de Diretrizes e Bases da Educação Nacional (LDBEN), aprovada em dezembro de 1996, representa exatamente um "marco político-institucional", que vem completar "a primeira geração de reformas educacionais iniciadas no começo dos anos 80, e que teve na Constituição seu próprio e importante marco institucional" (Doc. Diretrizes, p. 7).

As políticas educacionais estão dentro do marco da reforma do Estado, e, consideradas na óptica do caráter instrumental, subordinadas à lógica econômica, tendo em vista a necessidade de adequar os países às exigências postas pela globalização e incluí-los, ou permitir a sua inclusão, na nova ordem econômica mundial. Ordem essa que vem da necessidade de homogeneizar os comportamentos dos países em desenvolvimento, principalmente em relação à renegociação do pagamento da dívida externa e à obediência das determinações dos organismos multilaterais .

Hoje, se fala na segunda etapa das reformas, ou seja, na formação dos profissionais da educação responsáveis pela gestão e pela docência. A própria LDBEN dedica um capítulo especial para esses profissionais, deixando antever nos artigos 61, 62 e 63 nova configuração com o surgimento de novos *locais* para a formação – os Institutos Superiores de Educação – e outra licenciatura – o Curso Normal Superior. Além desses aspectos, a obrigatoriedade de elaboração das diretrizes curriculares completa a tríade (Institutos e Curso Normal), que deverá dar sustentação a essa "reforma conservadora" da formação dos professores.

No contexto da globalização e do novo papel dos organismos internacionais, os profissionais da educação passam a ter um papel fundamental como executores das políticas educacionais elaboradas como meio de ajustar a educação às exigências do mercado. O professor, o técnico, o administrador passaram a ser os responsáveis pelo insucesso das medidas propostas, mas ao mesmo tempo os "redentores", capazes de salvar a educação e conduzi-la na direção desejada pelo Pensamento Único, isto é, de instrumento de domesticação, de ideologização e de alienação. Esses profissionais sofrem um processo que pode ir da satanização à deificação, dependendo da obediência ou não ao receituário proposto.

A partir dessa lógica, de fazer do profissional da educação um instrumento competente para realizar a conformação exigida para a padronização social, eliminando as críticas e "fabricando o consenso"[5], a formação desse consenso precisa seguir o receituário que o transforma em prático, preocupado apenas com o cotidiano escolar, como se ele estivesse descolado de uma realidade social, devendo ser o grande responsável pelo sucesso de seus alunos, preparando-se dentro de um programa que faça uma conexão direta e precisa entre o aprendido nos cursos de formação e aquilo que deve ser ensinado, num reducionismo preocupante, além de alienador.

---

[5] Título do livro de Pablo Gentile, *Falsificação do consenso*. Petrópolis: Vozes,1998.

Observa-se que o movimento internacional tem indicado alguns eixos das políticas educacionais que devem apontar para as reformas da formação de professores. Pode-se considerar que esses eixos são a universitarização/ profissionalização, a ênfase na formação prática/validação das experiências, a formação continuada, a educação a distância, e a pedagogia das competências. As reformas em curso têm ocorrido como forma de operacionalização dessas políticas.

No caso da universitarização, ou seja a formação em nível superior, essa deveria representar um movimento de absorção das instituições de formação de professores pelas estruturas habituais das universidades, departamentos, faculdades ou outros (BOURDONCLE, 1994, p. 137). Contudo, no caso brasileiro, essa tentativa de possibilitar maior qualificação da formação, tem sido, via de regra, na realidade, uma forma de aligeiramento. A universitarização é realizada fora da Universidade, o que, à primeira vista, parece um contrassenso. Mas o que se quer exprimir com essa afirmação é que a formação se dá no nível pós-médio, isto é, em nível superior, mas sem obedecer necessariamente aos princípios básicos que caracterizam a instituição Universidade como Universidade Moderna, do início do século XIX, que tinha por princípio o ensino ligado à pesquisa, à autonomia, e à socialização dos conhecimentos. A pesquisa estaria pois, implicitamente, vinculada à formação de professores na Universidade, aliás, para Bourdoncle, a universitarização da formação implica que os saberes que são ensinados estão estreitamente ligados à pesquisa e esse autor enfatiza que não se trata simplesmente de transmitir um saber, mas de criá-lo (1994, p. 139). Outra característica dessa universitarização aligeirada é a tentativa de fazer uma espécie de *tábula* rasa do passado, ignorando as experiências bem sucedidas e querendo partir do zero, como se nada existisse na área de formação em nível superior nas universidades.

A operacionalização desse eixo das políticas de formação está respaldada em uma abundante legislação que começa com a Lei de Diretrizes e Bases da Educação Nacional, n. 9394/96, que sinaliza que a formação de professores deverá ocorrer no Instituto Superior de Educação e nos Cursos Normais Superiores (art.62). Em seguida, veio o Decreto n. 2306/97, que diversifica as instituições de ensino superior, explicitando ser o Instituto de Ensino Superior uma instituição somente de ensino, desvinculado da pesquisa e da extensão, quebrando a indissociabilidade entre essas três categorias, definidas na Constituição de 1988 e mantidas, após a assinatura desse decreto, apenas para as universidades. Essa característica, da formação em uma instituição apenas de ensino, já pode dar uma noção da diminuição do valor que se passa dar à formação dos profissionais da educação. Em um dos documentos produzidos pelo Ministério da Educação, o caráter de retirada da formação das universidades é bem explicitado:

Seria inviável para o poder público financiar a preços das universidades "nobres" a formação de seus professores de educação básica que já se contam em mais de milhão. Com um volume de recursos muito menor, um sistema misto de custos baixos tanto públicos quanto privados configura um ponto estratégico de intervenção para promover melhorias sustentáveis a longo prazo na escolaridade básica" Formação Inicial de Professores Para a Educação Básica: Uma (Re)Visão Radical Documento Principal, datado de 1999. (MELO; 1999, p. 8)

Outros aparatos legais que reforçam a universitarização aligeirada são aprovados pelo Conselho Nacional de Educação por meio do Parecer 115/99 e da Resolução 01/99 que determina que o corpo docente desses institutos deve ser composto 10% (dez por cento) com titulação de mestre ou doutor; 1/3 (um terço) em regime de tempo integral. Já há uma discussão para alterar esses números para 5% e 10%, respectivamente, o que reforça ainda mais o caráter de aligeiramento que a formação ganhou a partir desses dispositivos.

Além dos aspectos estruturais, outra questão é incluída na discussão da formação: trata-se da exclusividade ou preferência na formação. O Decreto n. 3276/99 determinava que a formação deveria ser feita exclusivamente nos cursos normais superiores, mas foi alterado por outro, o Decreto n. 5540/00, que determina que essa formação seja feita preferencialmente nos referidos cursos. Com isso, ignora-se a história da formação em nível superior que, a partir da década de 1980, já vinha sendo feita nos cursos de Pedagogia.

A ênfase na formação prática/aproveitamento de experiências é outro eixo das políticas de formação. A justificativa apresentada para tal é que, à semelhança de outras profissões, o futuro professor precisa entrar em contato real com o meio em que deverá atuar, devendo desde o início da formação assumir tarefas específicas e ter um acompanhamento direto para a realização dessas tarefas. Outro argumento utilizado é o de que os cursos de formação têm sido muito teóricos, desvinculados do meio escolar; para confirmar esse raciocínio, são apresentados alguns exemplos oriundos dos resultados das avaliações realizadas com os alunos, como é o caso do PISA[6]. Essas avaliações se dão ao final do curso, o que significa que somente o produto é avaliado e não o processo. Com base nessas críticas, o tipo de saber que, passa a ser valorizado é o saber prático, o saber que pode resolver os problemas do cotidiano. O simples aumento da carga horária[7] para a chamada parte prática não é garantia de melhor qualidade na formação, nem de que essa esteja mais próxima das

---

[6] PISA – Programme International pour le Suivi des Acquis des Élèves, promovido pela OCDE.

[7] A Resolução 2/02 do CNE no art. 1º determina 400h de prática como componente curricular e 400h de estágio curricular supervisionado.

necessidades das escolas. É preciso considerar os aspectos em que essa prática se dá, como os saberes teóricos e de ação são considerados no currículo, não apenas em relação a uma carga horária destinada, mas, sobretudo, às funções que eles devem desempenhar para a formação do futuro professor.

O aproveitamento de experiências com a validação correspondente é outro elemento das reformas na formação de professores, estando intimamente ligado aos demais. A importância de considerar as experiências existentes é relevante, não se questionando a sua importância para o processo de aprendizagem. O que se precisa analisar é como esse outro paradigma das reformas está sendo incluído no processo. Em alguns casos, esse aproveitamento tem servido para enriquecer a formação e valorizar as experiências existentes; em outros, vem servindo para diminuir a duração dos cursos e aligeirar a formação, aumentando assim o número de diplomados, num jogo de estatística que serve para impressionar os organismos financiadores, mas que não representa uma melhoria na qualidade da formação e, consequentemente, do processo de aprendizagem.

Outro eixo das políticas de formação é a formação contínua. Essa vem se constituindo em parte integrante de todas as reformas que estão se processando, tendo sempre como objetivo maior a busca de um alinhamento dos professores que já estão em exercício com as últimas decisões em matéria de política educacional. O fato em si, sem uma análise mais aprofundada, não parece trazer nenhum problema no tocante aos fins da educação. Contudo, quando se analisa de forma política e contextualizada, pode-se observar que, como os demais elementos que compõem o *kit* reforma, esse tem, sociologicamente falando, o caráter de acomodação e assimilação dos professores a uma sociedade que está cada vez mais voltada para as exigências do mercado e em que a educação está sendo questionada por se parecer a uma mercadoria, ao passo que a escola se identifica a uma empresa. Mais uma vez a questão da aceitação tácita das políticas governamentais é evidenciada, isto é, o objetivo maior da formação contínua é a adaptação às exigências postas pelos governos, que apresentam a necessidade de uma atualização a esse novo mundo globalizado. Existe uma corrente de gestores da educação que pensa a formação contínua também como uma forma de reparar as lacunas e as deficiências da formação inicial, colocando em xeque o valor dessa e as instituições que as ministram. Assim, maneira a formação contínua viria contribuir, de certa maneira, para o aligeiramento da formação inicial, tendo em vista que ela não atenderia às demandas sociais, além do que, como as transformações em todos os domínios do conhecimento estão se dando de uma forma acelerada, caberia à formação inicial apenas dar noções mais gerais, deixando todo o resto a cargo da formação contínua. Esse parece ser um aspecto que tem sido de fato colocado em destaque pelas políticas dos países em desenvolvimento, abrindo um enorme mercado de formação, ensejando tanto nas universidades públicas quanto nas demais instituições, e mesmo nas empresas, a possibilidade de aumentar a receita contábil.

As competências, como categoria pedagógica, surgem como mais um dos eixos das políticas de formação e têm no Brasil sua tradução por meio das Diretrizes Curriculares que estão normatizadas mediante o Parecer 009/01 e a Resolução 01/02 do Plano do Conselho Nacional de Educação.

A utilização da pedagogia das competências na formação de professores está ligada as exigências das empresas e dos organismos multilaterais. Por exemplo, a OCDE, em 2001, durante uma reunião do comitê de educação, enfatizou a necessidade de novas competências para a inovação e para o crescimento. A mesma organização em 2002, no "Simpósio internacional sobre a definição e a seleção das competências chave", ocorrido em Genebra, na Suíça, instituiu um programa internacional de pesquisa denominado DeSeCo *(Definition and selection of competencies)*, cuja finalidade é a definição das competências básicas que deverão servir como indicadores para todas as pessoas. Para tanto, o programa deverá desenvolver uma estrutura teórica que permita a identificação das competências apropriadas para fazer face às mudanças, incluindo aí as novas tecnologias. Outro objetivo do programa, é o estabelecimento de indicadores internacionalmente comparáveis, que possam validar o alcance das competências-chave estabelecidas.

A definição de competências tem trazido, segundo alguns autores (LASNIER, 2001, PAQUAY et al, 2001, PERRENOUD 1997, LE BOTERF, 2000 dentre outros), alguns elementos de convergência, tais como: a ocorrência se dá em situação real, é intencional, manifesta-se de forma eficaz, é um projeto, tem uma finalidade. A partir desses elementos básicos, pode-se concluir que a formação de professores deverá estar voltada para a predominância do saber-fazer. Nada contra, desde que esse saber-fazer não represente uma diminuição dos conhecimentos (Perrenoud, 1998), ou uma ênfase no saber fazer procedimental (LE BOTERF, 2000) e que não seja apenas uma formação utilitarista (RAMOS, 2001).

O aporte das competências é nuclear nas Diretrizes Curriculares com base na argumentação de que a escola se preocupa excessivamente com os conhecimentos, com teorias, mas não prepara para o mercado de trabalho. Portanto, a adoção dessa noção é bem uma mudança no sentido ideológico, ou seja, de diminuir os conhecimentos que hoje são apresentados pela escola, tendo em vista que esses não são úteis para a inserção no mercado de trabalho. Então, é preciso que a escola prepare de outra forma os futuros trabalhadores para essa sociedade dita do saber. E essa forma é exatamente a da pedagogia das competências, tendo em vista que ela permite uma formação flexível, polivalente, que vai atender às exigências imediatas, ou seja, a escola se ocupará de ensinar aquilo que terá uma utilidade garantida. E aí está a grande mudança que passa a ocorrer, isto é, os conhecimentos deixam de ser importantes para se dar maior destaque ao "*savoir-exécuter*", tendo em vista a compreensão de que as competências são sempre em situação, em ação.

A formação do professor com base no modelo de competências pode contribuir para a subordinação da educação ao racionalismo utilitarista do mercado e, no dizer de Ramos (2001, p. 295), "[...] a pedagogia das competências [...] assume e se limita ao senso comum como lógica orientadora das ações humanas, [...] reduz todo sentido do conhecimento ao pragmatismo". Da mesma forma Nico Hirtt (2000, p. 2) chama a atenção para as recomendações feitas pelo Conselho Europeu em 1997, ou seja, que a escola deve dar prioridade ao desenvolvimento das competências profissionais e sociais para melhor adaptação dos trabalhadores às evoluções do mercado de trabalho, o que o autor citado ressalta: "Em um quadro de rápida mudança do ambiente tecnológico e industrial o papel tradicional do ensino – a transmissão de conhecimentos – é vista como obsoleta. O que conta doravante é de dotar o futuro trabalhador do *savoir-faire* e do *savoir-être* que favoreçam a flexibilidade social e a adaptabilidade profissional". Nessa perspectiva, a pedagogia das competências serve para alinhar a escola ao mercado, de uma forma direta. Esses eixos de políticas educacionais, com ênfase na formação de professores, têm se desdobrado em outras políticas, em programas e em estratégias que têm conduzido a questão, pelo menos na última década, para um reducionismo na formação, para uma perda de qualidade dessa formação e sobretudo para uma crescente desvalorização do magistério, com perda de *status* e salário, cujas consequências têm um rebatimento direto na qualidade da educação em todos os níveis, mas sobretudo na educação básica.

Como concluir o que ainda não terminou

As políticas públicas educacionais têm respondido, sobretudo na última década, às determinações do capital internacional por meio dos organismos multilaterais. A educação passa a ser considerada como um instrumento de hegemonia para, numa racionalidade técnica e mercadológica, promover um consenso que tenha no mercado a sua principal e única referência. O bloco de poder internacional vem definindo as políticas educacionais e as reformas decorrentes de tais políticas como instrumentos usados para manter as bases de funcionamento do sistema de acumulação, uma forma de regulação social, de controle e de ajustamento.

Nessa concepção de educação, que na realidade é a tradução de um projeto econômico, social, político e ideológico, a escola é equiparada à empresa e nessa lógica deve formar consumidores, em vez de cidadãos. Para o alcance desses objetivos, o papel do professor é fundamental e a sua formação assume uma função central nas políticas educacionais. Esse profissional precisa ser preparado para contribuir com o ajuste da educação às exigências do capital, necessitando para tanto ser formado de acordo com o "pensamento único", desse receituário ideológico. Os eixos de políticas educacionais apontados neste estudo, tais como a universitarização/profissionalização, a formação prática/ validação das experiências, a formação contínua e a pedagogia das competências viriam contribuir para a formação desse "novo" profissional exigido pelo paradigma tecnológico e pelo capital internacional.

Tendo em vista o caráter pragmático e utilitarista das políticas educacionais estabelecidas pelas determinações internacionais, os movimentos sociais e os sindicatos têm se organizado para propor políticas e ações que possam privilegiar um ensino público, gratuito e com qualidade socialmente referenciada, objetivando formar cidadãos críticos e participativos para a construção de uma sociedade fraterna, justa e igualitária. Destacam-se duas grandes ações empreendidas por esses movimentos: a construção da proposta de Lei de Diretrizes e Bases da Educação Nacional, coordenada pelo Fórum Nacional em Defesa da Escola Pública e a elaboração do Plano Nacional da Educação, delineado e detalhado por meio de três Congressos Nacionais de Educação (CONED). Em ambos os documentos, estabelece-se que a formação deverá ser feita nos cursos de Pedagogia, nas universidades, tendo como base sólida formação teórica, relação teoria e prática, gestão democrática, interdisciplinaridade e tendo como corolário a valorização do magistério, entendida como a formação inicial e continuada, as condições de trabalho e salário e o plano de cargo e carreira.

Os movimentos sociais e os sindicatos progressistas têm apontado para a formação do professor com base em uma concepção de sociedade que tem como referência a distribuição da riqueza, a inclusão social e a democratização do ensino, entendendo-se como tal o acesso e a permanência na escola, além da defesa intransigente da escola pública e gratuita. Por meio de proposições concretas, construídas nos Fóruns, tais como o Fórum em Defesa da Escola Pública, e de Sindicatos e Associações, outra política de formação está sendo indicada, vinculada a outro projeto de sociedade. Os profissionais da educação que deverão atuar em uma sociedade solidária e justa deverão ser preparados em outras bases, nas quais a dignidade como pessoa e como profissional seja respeitada, traduzida em salários dignos, que vai além dos discursos e recomendações, em um plano de carreira, em condições de trabalho que incluam bibliotecas, computadores, acesso a redes de pesquisa. Além desses aspectos, os cursos devem ter uma preocupação com uma formação para a cidadania que inclua a capacidade de fazer análises críticas da realidade, contribuindo para o bem-estar social.

A busca de saídas e alternativas ao modelo de políticas educacionais implantadas tem ressonância em outras partes do mundo, que têm realizado movimentos de resistências à privatização da educação, à desregulamentação do ensino e à transformação da educação em mercadoria. Assim, o Fórum Mundial de Educação, realizado em Porto Alegre, em 2001, o Seminário Mundial de Educação ocorrido, durante o Fórum Social Mundial em 2002, Fórum Continental da Educação que se passou paralelamente à Cúpula das Américas, em Quebec, em 2001, a Rede Social da Educação Pública das Américas (Red SEPA), integrada por organizações sindicais e populares da Argentina, do Equador, da América Central, do México, do Canadá, de Quebec e das Caraíbas, são alguns dos muitos movimentos que vêm propondo outras políticas educacionais e de formação alinhadas a outro modelo de sociedade.

Os movimentos sociais, as entidades acadêmicas, científicas e sindicais têm um papel fundamental na luta contra a dominação e a hegemonia que o capital internacional tem desempenhado na definição das políticas sociais. A integração dessas entidades na elaboração das políticas educacionais parece ser uma estratégia, visando à construção coletiva de outro projeto de sociedade.

Referências

AZEVEDO, Janete M. Lins de. *A educação como política pública*. Campinas: Editora Autores Associados, (Col. Polêmicas de nosso Tempo), 1997.

BANQUE MONDIALE. *Priorités et stratégies pour l'éducation*: une étude de la Banque Mondiale. Washington, D.C.: Banque Mondiale, 1995.

BOURDONCLE, R. *L'université et les professions*: un itinéraire de recherche sociologique. Paris: L'Harmattan, 1996.

BRASIL/MEC/CNE. Parecer n. 009/2001; Diretrizes Curriculares Nacionais para a Formação de Professores da Educação Básica, em nível superior, curso de licenciatura, de graduação plena.

BRASIL/MEC/CNE/CP. Resolução n. 001/2002. Diretrizes Curriculares Nacionais para a Formação de Professores da Educação Básica, em nível superior, curso de licenciatura, de graduação plena.

Brasil/MEC/CNE/CP. Resolução n. 002/2002. Institui a duração e a carga horária dos cursos de licenciatura, de graduação plena, de formação de professores da educação básica em nível superior.

BRASIL/PR. Lei 9394 de 20 /12/1996. Estabelece as diretrizes e bases da educação nacional. Diário Oficial da União. Brasília: Gráfica do Senado, ano CXXXIV, nl. 248, 23/12/1996, p. 27833-27841.

CASTRO, Maria Helena Guimarães. *A educação para o Século XXI:* O desafio da qualidade e da equidade. Programa de Promoção da Reforma Educativa na América Latina e Caribe, PREAL, 1999.

CORRALES, Javier. *Aspectos políticos na implementação das reformas educacionais.* Programa de Promoção da Reforma Educativa na América Latina e Caribe, PREAL, 2000.

Draibe, S.. "As políticas sociais brasileiras: diagnósticos e perspectivas". In: IPEA-IPLAN. *Políticas Sociais e organização do trabalho.* n. 4, 1989.

DRAIBE, Sonia M. Reforma do Estado e Descentralização.A Experiência Recente da Política Brasileira de Ensino Fundamental. Caderno de Pesquisa n. 37, Núcleo de Estudos de Políticas Públicas. Universidade de Campinas, 1998.

FRIGOTTO, Gaudêncio. Reformas educativas e o retrocesso democrático no Brasil nos anos 90. In: LINHARES, Célia (Org). *Os professores e a reinvenção da escola.* São Paulo: Cortez Editora, 2001.

GAJARDO, Marcela. *Reformas educativas na América Latina.* Balanço de uma década. Programa de Promoção da Reforma Educativa na América Latina e Caribe, PREAL, 2000.

HARNECKER, Marta. *Tornar possível o impossível.* A esquerda no limiar do século XXI. São Paulo: Paz e Terra, 2000.

HIRT, N. *Les nouveaux maîtres de l'École.* L'enseignement européen sous la coupe des marchés. Anvers: EPO, 1999.

LASNIER, F. *Réussir la formation par compétences.* Montréal: Guérin, 2000.

MELLO, Guiomar Namo. *Formação Inicial de Professores para a Educação Básica:* uma (re)visão radical. Texto digitado. 2001

Organização de Cooperação e Desenvolvimento Econômico, OCDE. *Analyse des Politiques d'Education.* Centre pour la Recherche et l'Innovation dans l'Enseignement, 2001.

Organização de Cooperação e Desenvolvimento Econômico, OCDE. *Connaissances et compétences*: des atouts pour la vie. Premiers résultats du Programme International de l'OCDE. Pour le suivi des acquis des élèves, 2000. (PISA). www.ocde.org/publications/e-book, 2.5. 2002.

Organização de Cooperação e Desenvolvimento Econômico, OCDE. *Definition and selection of Competencies:* Theoretical and Conceptual Foundation. (DeSeCo). Background Paper, 2000. www.satistik.admin.ch/stat_ch/ber15/deseco/background-paper.pdf., 6.5.2002.

Organização de Cooperação e Desenvolvimento Econômico, OCDE. *Investir dans les compétences pour tous.* Réunion des Ministres de l'éducation des pays de l'OCDE, 2001. www.ocde.org/media. 8.3.2002.

PEREIRA, Luiz Carlos Bresser. A reforma do Estado dos anos 90. Brasília, *Cadernos do Mare*, n. 1, Brasília, 1997.

PERONI, Vera Maria Vidal. *O Estado brasileiro e a política educacional dos anos 90*, 2000.

PETRELLA, R. Une autre mondialisation. In: HOUTART, F. et POLET, F. (Dirs). *Une autre Davos*: mondialisation des résistences et des luttes. Paris et Montréal: L'Harmattan, 2000.

Programa de Promoção da Reforma Educativa na América Latina e Caribe, PREAL. *Ficando para trás*. Um boletim da educação na América Latina. Relatório do Grupo de Trabalho sobre Educação, Equidade e Competitividade Econômica nas Américas, 2001.

RAMOS, M.N. *A pedagogia das competências*. Autonomia ou adaptação? São Paulo: Cortez Editora, 2001.

SANTOS, Aparecida de Fátima Tiradentes dos Santos. *Entre a cooptação e a repressão*. Capital e trabalho nas reformas educacionais latino-americanas. GT Trabalho e Educação, ANPED, 2001.

SHIROMA, Eneida Oto et al. *Política educacional*. Rio de Janeiro: DP&A, 2002.

Processos de produção e legitimação de saberes no trabalho

Eloisa Helena Santos

Este texto apresenta a origem e o desenvolvimento de uma vertente de pesquisa no interior do campo de estudos sobre trabalho e educação, no Brasil, focalizando a abordagem do tema dos saberes no trabalho, realizada por pesquisadores da área nas três últimas décadas. Compõe-se dos seguintes itens:

1- a constituição do campo de estudos sobre trabalho e educação no Brasil, e o tema dos saberes no trabalho;

2- o contexto de transformações no mundo do trabalho e suas implicações na abordagem do tema dos saberes no trabalho;

3- o movimento de crítica e autocrítica no interior do campo;

4- os processos de produção, mobilização, organização e formalização de saberes no trabalho, bem como de sua legitimação: tendências atuais, problemas e desafios da pesquisa.

A constituição do campo de estudos sobre trabalho e educação no Brasil e o tema dos saberes no trabalho

A pesquisa em Educação, no Brasil, ganha um desenvolvimento expressivo a partir da década de 1970 quando, por meio da incorporação das teorias crítico-reprodutivistas, os educadores vão fazer a crítica à Economia da Educação que informou, no período imediatamente anterior, tanto o plano teórico, com ênfase na teoria do capital humano, quanto a formulação de políticas educacionais. Florescem, naquela época, políticas e programas educacionais que objetivam formar mão de obra para atender a demandas específicas do setor produtivo e do projeto de desenvolvimento do País, identificado como segunda fase do processo de substituição de importações e que culminou no chamado "milagre brasileiro". Do ponto de vista da legislação educacional, o expoente é a Lei 5692, de 1971, revelando o caráter instrumental que se atribuiu à política educacional no período.

A incorporação das ideias dos expoentes do reprodutivismo francês, com destaque para Bourdieu, Passeron e Establet, assim como Althusser, alimentou uma crítica à função social da escola, descortinando toda uma rede de relações e práticas educacionais reprodutoras das relações sociais de produção capitalistas. Aí reside a contribuição fundamental da teoria da reprodução para a análise da educação brasileira.

Esse movimento de crítica à função social da escola veio acompanhado da introdução do referencial teórico marxiano na pesquisa em educação o que, além de dar maior consistência ao esforço crítico anterior, originou uma ampliação do entendimento do chamado campo educativo para além dos muros da escola e a consideração das contradições inerentes ao processo de reprodução social. O foco, anteriormente voltado para a educação entendida exclusivamente como uma prática que se realiza na instituição escola, desloca-se para a dimensão educativa que impregna as relações sociais, nos múltiplos espaços, tempos e situações em que elas ocorrem. Em especial, ganha importância a ideia segundo a qual o fenômeno educativo impregna o trabalho, assim como os movimentos sociais, colocando em relevo a centralidade do trabalho para a formação humana.

Uma inflexão vai direcionar os esforços de compreensão do mundo do trabalho na perspectiva de encontrar aí os fundamentos da educação, dado que as políticas educacionais são produto das relações sociais. O pensamento de Gramsci vem consolidar essa perspectiva de análise com suas contribuições, sobretudo relativas ao princípio educativo do trabalho e à articulação entre concepção e execução, entre trabalho manual e intelectual. Essa perspectiva de análise, além de incorporar a crítica à escola como espaço de reprodução das relações antagônicas entre capital e trabalho, vai chamar a atenção para as contradições que marcam essas relações e possibilitar a identificação de espaços de produção do novo em meio à reprodução do *statuo quo*. Por essa via, faz-se também a crítica ao reprodutivismo que se ocupa somente do movimento de reprodução das relações sociais capitalistas. Está formado o arcabouço teórico na esteira do qual se desenvolverão as análises da articulação entre trabalho e educação, no Brasil.

Em 1980 é criada a ANPED – Associação Nacional dos Pesquisadores em Educação – importante iniciativa dos educadores brasileiros que dará organicidade à comunidade científica e consistência ao desenvolvimento da pesquisa, em geral, e ao campo de estudos sobre trabalho e educação, em particular. Nos grupos de trabalho (GTs), os pesquisadores interessados na relação entre trabalho e educação vão se congregar e assumir o compromisso de fazer avançar o campo, tanto do ponto de vista teórico quanto prático, inaugurando e fortalecendo uma articulação em âmbito nacional que, desde então, contribui para a definição de uma pauta de investigação que orienta e faz progredir a produção de conhecimento. O campo de estudos sobre trabalho e educação afirmará a sua identidade como espaço de desenvolvimento de estudos e pesquisas que problematizam as relações entre capital e trabalho, com vistas a desvendar os fundamentos do fenômeno educativo. Seus pesquisadores voltam suas pesquisas empíricas para as instituições, as organizações e os sujeitos que nelas materializam as relações sociais. As políticas, as estratégias e os programas educacionais, os mais diversos processos educativos, em diferentes âmbitos, públicos e privados, passam a constituir o foco do esforço teórico-prático realizado no interior do campo para compreender o fenômeno educativo e produzir subsídios para a formulação de novas propostas educacionais.

Do ponto de vista conceitual, as contribuições de Marx que realizam o caráter formativo do trabalho na constituição da humanidade e trazem a proposta da Escola Politécnica com sua ênfase na articulação entre formação geral e específica, somadas às de Gramsci, com sua Escola Unitária, animam o debate em torno da articulação entre trabalho e educação, em geral, e do ensino técnico e de nível médio, em particular. Esse referencial teórico, que desfrutará a hegemonia no campo desde a sua origem, ganha novos aportes ao correr da década de 1980 vindo de disciplinas também credoras das mesmas referências. A Sociologia do trabalho francesa de tradição friedmanniana[1], que se desenvolveu com um projeto de crítica ao irrealismo da representação do trabalho proposta pela racionalização tayloriana, enriquecida de aportes da economia e da ergonomia, tem grande influência na identificação do erro epistêmico que está na base da Organização Científica do Trabalho[2]. Ela é incorporada para discutir a natureza dos saberes no trabalho, o estatuto da ciência e da técnica, o caráter formativo (ou deformativo) do trabalho, o processo de trabalho e a qualificação, as práticas de resistência à Organização Científica do Trabalho.

---

[1] Georges Friedman é fundador da Sociologia do trabalho francesa. Cf. Sociologies du travail: 40 ans après. POUCHET, Amélie (Coord.). Paris: Elsevier, 2001.

[2] A revista *Sociologie du travail* revela-se instrumento fundamental de socialização dessa abordagem de ordem epistêmica.

Autores que fazem a crítica à divisão do trabalho e à determinação social da técnica são amplamente incorporados[3].

As pesquisas teóricas no interior do campo de estudos sobre trabalho e educação são acompanhadas de um grande desenvolvimento da pesquisa empírica. Ideias e fenômenos tão diferentes como a (des)qualificação do trabalho/trabalhador, o trabalho como princípio educativo, a politecnia e a escola unitária, as políticas públicas e privadas de formação profissional, os processos educativos fora da escola, especialmente no trabalho, surgem como objeto de pesquisa. A partir da década de 1980, é significativo o número de pesquisas, dissertações e teses que vão tomar as diversas faces do fenômeno educativo no trabalho como objeto de estudo, fato concomitante à instalação de um processo que vai levar à consolidação da pós-graduação no Brasil.

De um modo geral, os anos de 1970 e 1980 são marcados por uma crítica ao caráter dual e, posteriormente, messiânico da educação brasileira e aos seus desdobramentos na trajetória educacional e na inserção social e política de milhões de brasileiras e brasileiros. As políticas educacionais são criticadas à luz desse referencial teórico, já que eternizam a dualidade estrutural da educação que distingue formação geral, voltada para as elites, e formação instrumental, ou, na melhor das hipóteses, técnica, destinada às massas trabalhadoras.

A rearticulação dos movimentos sociais, sindicais e de trabalhadores, a partir de meados dos anos de 1970, as práticas voluntárias ou institucionais que daí decorrem, a realidade das políticas e programas educacionais, públicos e privados, alimentam demandas de pesquisas sobre o fenômeno educativo inerente às relações sociais. Novos pesquisadores advindos de experiências educativas extraescolares – movimentos associativos e de caráter reivindicatório de bairro, os chamados movimentos sociais, sindicatos, movimentos grevistas – passam a realizar mestrados e doutorados em programas de pós-graduação que acolhem suas propostas de pesquisas voltadas para o fenômeno educativo presente nos espaços não escolares.

É no interior desse movimento que ganha fôlego uma discussão em torno dos diversos tipos de saber nas situações de trabalho. Uma vertente de análise alicerçada nos fundamentos teóricos apresentados acima começa a tomar corpo dentro do campo de estudos sobre trabalho e educação. Ela procura identificar a natureza dos saberes no trabalho, sua produção, mobilização, organização e formalização, além de analisar a sua (i)legitimidade epistemológica e política.

---

[3] Cf. GORZ, A (Org.). *Crítica da divisão do trabalho*. São Paulo: Martins Fontes, 1980. *La division capitalista del trabajo*. México: Pasado y Presente, 1977. CORIAT, B. *Ciência, técnica e capital*. Madrid: H. Blume Editiones, 1976. BRAVERMAN, H. *Trabalho e capital monopolista*: a degradação do trabalho no século XX. São Paulo: Zahar, 1988.

As pesquisas empíricas começam a apontar insistentemente a importância do saber do trabalhador para que a produção se efetive. Essa vertente vai incorporar, a partir dos anos de 1990, uma perspectiva de análise que chama a atenção para os homens e mulheres que vivem as situações de trabalho, ou seja, para a experiência desses sujeitos.

O contexto de transformações no mundo do trabalho e suas implicações na abordagem do tema dos saberes no trabalho

As transformações no mundo do trabalho começam a tomar vulto a partir da década de 1970 e trazem com elas novas exigências de compreensão de um processo de mudança que vai surpreender a comunidade científica.

Paralelamente ao movimento de consolidação da pesquisa em educação, alterações no padrão de acumulação do capital atingem a produção social com implicações importantes para o campo de estudos que articula o trabalho e a educação. As pesquisas nacionais e internacionais, voltadas para as profundas transformações no mundo do trabalho, indicam o estabelecimento de uma nova divisão internacional do trabalho, a realocação de blocos econômicos mundiais, a criação de redes que unem empresas variadas e as distribuem num novo mapa mundial, novos modos de organizar e gerir o trabalho e a produção, numa ampliação extraordinária de novas tecnologias. O taylorismo-fordismo já não detém a hegemonia no governo do trabalho e precisa dividir com novos modelos, predominantemente mais flexíveis, a organização e a gestão do trabalho e da produção. A desregulamentação das relações de trabalho com uma consequente perda de direitos sociais conquistados pelos trabalhadores durante décadas de luta aparece como panaceia para resolver os problemas gerados pela metamorfose dos setores produtivos no interior da economia.

Esse mundo novo marcado por uma mundialização do capital que exclui grande parcela da população do mercado de trabalho e das conquistas da humanidade, em todos os quadrantes da Terra, passa a demandar um perfil diferente de trabalhador, de cidadão, uma nova expressão subjetiva que será responsabilizada, daí em diante, pelo seu próprio sucesso ou fracasso. Um correspondente processo de individualização sustenta novas estratégias de avaliação de desempenho do trabalhador, paradoxalmente às exigências de trabalho em equipe, atribuindo a ele o ônus da sua exclusão.

Se o taylorismo-fordismo, com sua crença na racionalização científica que distingue concepção e execução, orientou políticas educacionais voltadas para a formação de uma elite "pensante" e de uma massa de "executantes", a nova configuração produtiva vai demandar uma educação que desenvolva "competências" para a formação de um trabalhador flexível, responsável pelo sucesso da empresa, logo; um trabalhador "pensante-executante", capaz de realizar tanto o trabalho manual quanto o intelectual. A chamada "sociedade do conhecimento", aliada ao processo de reestruturação produtiva, exige trabalhadores conscientes da necessidade de saber-pensar, saber-fazer, saber-ser, saber-agir. As políticas e as estratégias educacionais, públicas e privadas, vão ser chamadas a mudar o quadro considerado de baixa ou inadequada qualificação do trabalhador brasileiro, tendo em vista às necessidades postas pelas vicissitudes do mercado nacional e internacional.

No entanto, contraditoriamente, o Brasil desloca recursos públicos para o pagamento da dívida do setor financeiro em detrimento das políticas sociais setoriais, dentre elas a educação. Sob a orientação de organismos internacionais, o governo brasileiro aparece investindo na educação fundamental e se esmera na apresentação de dados estatísticos que procuram demonstrar os frutos desse investimento. Entretanto, o sistema público de ensino fundamental e médio vê o seu compromisso com uma educação de qualidade comprometido, sua rede de escolas desvalorizada, desmantelada, contraditoriamente ao discurso que propugna uma educação de qualidade para todos, aliás dívida social secular que o País deve à grande maioria de sua população. Ao mesmo tempo, assistimos ao desmanche do ensino superior público e à expansão vertiginosa das universidades privadas que expressam uma decisão política condicionada por uma nova divisão internacional do conhecimento orquestrada de fora. Os países desenvolvidos continuam investindo na educação superior, continuam fazendo pesquisa básica, produzindo ciência e tecnologia, e os países em via de desenvolvimento ou mais atrasados vão formar uma mão de obra que vai incorporar tecnologias e ciência produzidas fora.

O setor privado, por sua vez, realiza um investimento extraordinário na formação instrumental dos seus trabalhadores, muitas vezes com recursos públicos. A gestão do conhecimento, como estratégia empresarial de manutenção dos padrões internacionais de competitividade, cria múltiplos mecanismos de estímulo ao "autodesenvolvimento" dos trabalhadores, de formação, antecipada e continuada, realizados em parceria com os Ministérios da Educação e do Trabalho, com o sistema regular de ensino, com o Sistema S e federações patronais, além de organizações da sociedade civil. As empresas passam a incrementar experiências de treinamento, de qualificação, além da provisão de alfabetização, ensino fundamental, médio e superior – graduação e pós-graduação – realizada por meio da suplência, do ensino regular ou, ainda, de parcerias com instituições de ensino em diversos níveis[4]. De peso correspondente são as

---

[4] A indústria automobilística de Minas Gerais realizou 81,4 horas de treinamento por trabalhador no ano de 1999. Cf. VERÍSSIMO, M. *Escolarização na empresa: contradições que possibilitam novos sentidos e significações*. Belo Horizonte: UFMG, 2000, p. 8. (Dissertação de mestrado).

estratégias de formalização dos saberes produzidos e mobilizados no trabalho pelos trabalhadores. A série de instrumentos de padronização denominada ISO cria normas e estabelece padrões de avaliação de produtos, processos e, hoje em dia, de "pessoas" e está francamente comprometida com a formalização dos saberes nas situações de trabalho. Um fenômeno salta aos olhos nessa nova configuração, nessa nova maneira de articular trabalho e educação: o saber que o trabalhador produz e mobiliza no trabalho é reconhecido como fator fundamental para o sucesso do "negócio".

O movimento de crítica e autocrítica no interior do campo de estudo

A chamada crise de paradigmas hasteia a bandeira da releitura de clássicos da literatura em múltiplos campos do conhecimento. Várias referências teóricas disseminadas nas ciências sociais trazem novos elementos para o debate no interior do campo de estudos sobre trabalho e educação, dentre elas o pensamento pós-moderno, nas suas vertentes de afirmação, compreensão e crítica; a teoria crítica e a razão comunicativa; a crítica ao paradigma da ciência moderna; a defesa da razão sensível; e a teoria do caos.

Esse cenário abala as referências teóricas de vários campos do conhecimento, dentre eles, o de trabalho e educação. Os pesquisadores ensaiam um movimento de retomada do referencial teórico-hegemônico e apontam para a necessidade de afirmar certos conceitos ou ideias, rever outros, além de acenar com a abertura de diálogo com novos aportes teóricos ou novas perspectivas de análise. Um movimento de crítica e autocrítica vigoroso reafirma a centralidade do trabalho como categoria fundante da humanidade. Ao mesmo tempo, assistimos a um esforço de articulação com outras categorias para dar conta da sociabilidade excludente. O valor da "diferença" se afirma. Surgem estudos e pesquisas sobre gênero, raça, etnia, juventude e um esforço, nem sempre bem-sucedido, de tomar as dimensões macro/micro, objetivo/subjetivo, público/privado, dentre outras, como polos dinâmicos de uma mesma unidade contraditória.

Marca esse movimento uma volta aos clássicos, sendo Marx o mais importante deles. Lukács é amplamente contemplado trazendo apoio para a afirmação do trabalho na construção da sociabilidade. Autores da Escola de Frankfurt também comparecem. A tentativa de diálogo com outras referências teóricas e metodológicas atrai, muito timidamente, o campo da Psicanálise. Esse movimento de releitura do referencial hegemônico no campo de estudos sobre trabalho e educação gera um esforço de retomada de alguns dos conceitos e ideias básicas de Marx que culmina com a reafirmação e problematização de suas contribuições essenciais. Dentre elas, destaco o conceito de trabalho e a relação entre subjetividade e objetividade.

A retomada do conceito de trabalho em Marx leva à distinção entre trabalho abstrato e trabalho concreto, à relação entre objetividade/subjetividade, o que vai permitir tratar as situações de trabalho como um espaço de reprodução das leis do capital mas, também, e igualmente importante, de expressão de uma subjetividade transgressora.

Algumas pesquisas que assumem a perspectiva acima vão encontrar na Ergonomia o conceito de atividade e a diferença entre trabalho prescrito e trabalho real, que permitem aprofundar o conhecimento sobre o mundo do trabalho e a experiência dos trabalhadores realçando a produção, mobilização, organização e formalização do saber do trabalhador. Os aportes da Ergologia[5] permitem considerar toda situação de trabalho como espaço de transgressão de normas estabelecidas e de renormalização produzida pelos sujeitos no trabalho. Espaço de produção, mobilização, organização e formalização de saberes, espaço de manifestação de singularidades que não se deixam aprisionar, absolutamente, pelos ditames do capital. Espaço onde cada sujeito vive um "uso de si por si mesmo" e um "uso de si pelo outro"[6].

A pesquisa dos processos de produção, mobilização, organização, formalização e legitimação de saberes no trabalho: tendências atuais, problemas e desafios.

Vários autores têm mostrado que, na literatura especializada, se observa um deslizamento do tema da qualificação, tão marcante nas pesquisas dos anos de 1970 e 1980, para o tema da competência[7]. Esse mesmo deslizamento se expressa no movimento recente de institucionalização da noção de competência na política educacional brasileira[8].

A esse movimento corresponde outro deslocamento: o interesse pela escolha de objetos de pesquisa credores da legitimação do saber produzido e mobilizado no trabalho pelo trabalhador, do seu estatuto epistemológico e político, volta-se para aqueles relacionados ao chamado modelo de competência ou às competências necessárias ao sujeito no mundo atual.

---

[5] Cf. Trabalho e Educação. Belo Horizonte: NETE, 2000, nº 7 e *Presença pedagógica*. Belo Horizonte: Editora Dimensão, 2001, n. 38.

[6] Ibidem.

[7] HIRATA, H. Da polarização das qualificações ao modelo de competência. In Tecnologias, trabalho e educação. Um debate multidisciplinar. FERRETTI, C. e outros (Org); TANGUY, L (Org).. Saberes e competências. Porto Alegre: Artes Médicas, 2000.

[8] Cf. pesquisas recentes de MACHADO, Lucília e FIDALGO, Fernando. Institucionalização do conceito de competência na política educacional brasileira.

O deslocamento sugerido acima captura o saber do trabalhador numa categoria que se apresenta como monolítica – a competência – reduzindo-o à sua dimensão instrumental e, ao mesmo tempo, apagando o horizonte de possibilidades aberto pela expressão da subjetividade no trabalho. O tema do saber do trabalhador no trabalho, hoje subsumido pelo discurso da competência, chama a atenção para a polissemia que envolve os termos em cena – conhecimento, saber e competência. Essa polissemia oculta sentidos atribuídos aos discursos, práticas e representações sociais, reveladores de interesses e posicionamentos políticos, epistemológicos, sociais, culturais e subjetivos distintos, senão antagônicos.

São claramente perversas as consequências do referido deslocamento para o esforço de leitura de viés epistêmico, que marcou os estudos sobre os saberes no trabalho nas décadas precedentes, conforme apontado acima.

Ao abandonar a perspectiva anterior, o risco que se avizinha é o de privilegiar os aspectos instrumentais do saber do trabalhador no trabalho[9], enfeixados nas chamadas competências, suprindo as empresas de dados úteis aos intentos de aumento de produtividade e de qualidade. Os trabalhadores e suas entidades representativas perderiam a possibilidade de contar com conhecimentos necessários à tomada de posição na correlação de forças que se estabelece quando de sua participação nos processos de negociação coletiva e, também, à formulação de propostas educacionais que problematizem e transformem o estatuto epistemológico e político do saber do trabalhador. À valorização desses saberes nos processos produtivos, agora flexibilizados, poderia corresponder um novo patamar de relações entre capital e trabalho.

Do ponto de vista da educação, a consequência é a formulação de políticas educacionais, em geral, e de educação profissional, em particular, sustentadas pela ideia de desenvolvimento de competências que mantenham ou criem patamares produtivos que garantam a competitividade da economia nacional. A prática correspondente ao ideário que sustenta essas políticas coloca o Brasil numa posição de consumidor de ciência e tecnologia produzidas pelos países centrais direcionando as opções de financiamento do desenvolvimento científico e tecnológico brasileiro.

Do ponto de vista das empresas assistimos a um lento - por enquanto - desabrochar de estratégias de legitimação dos saberes no trabalho, que se concretizam nos processos de Certificação Profissional estreitamente vincu-

---

[9] A finalidade instrumental pode ser entendida como na seguinte proposição: dado um fim - formação de mão de obra para responder às necessidades do projeto de desenvolvimento em curso - ponderam-se os meios de obtê-lo; dado um conjunto de meios, ponderam-se os fins que podem ser alcançados.

lados às necessidades produtivas e empresariais. Minha hipótese é a de que essa certificação profissional é a ponta de um *iceberg* que abriga o embrião de uma revolução no estatuto da ciência e da técnica de proporções ainda totalmente desconhecidas.

O quadro de transformações descrito acima e as demandas que dele advêm, a necessidade de repensar a articulação entre trabalho e educação, tanto do ponto de vista conceitual quanto empírico, atualizam as questões que remetem à temática do saber do trabalhador no trabalho e nos colocam novos desafios além de recolocar antigos. Ao apreender os complexos teóricos e práticos que envolvem os processos de produção e legitimação de saberes no trabalho, a temática do sujeito na sua articulação com a do trabalho volta a se apresentar, uma vez que compreender o trabalho é desvendar a materialidade e, ao mesmo tempo e no mesmo movimento, os homens e mulheres que engendram essa materialidade.

A releitura de Marx tem levado a um esforço teórico-metodológico que procura resgatar as dimensões do sujeito e da subjetividade desprezadas nas análises hegemônicas no campo centradas na Economia Política. De que subjetividade estamos falando? Como pensar uma subjetividade que escape à relação especular com a objetividade capitalista? Que subjetividade é essa e quais são, além do referencial marxista, os campos do conhecimento que poderiam contribuir nas discussões sobre o sujeito e a subjetividade na sua articulação com o trabalho?

A necessidade de qualificar essa subjetividade, de dar realce à dimensão da subjetividade que não despreza a objetividade, isto é, a materialidade, tem apresentado um duplo movimento no interior do qual se aglutinam pesquisadores ou grupos de pesquisadores. Esse duplo movimento apreende diferentemente a relação entre objetividade e subjetividade e realça a necessidade de aprofundamentos teóricos:

- o primeiro movimento compreende os estudos em que o tratamento da subjetividade é retomado fazendo-a coincidir com a objetividade, uma subjetividade que se apresenta como espelho da objetividade. Essa perspectiva enfatiza a tendência à individualização nos processos produtivos flexibilizados, correspondente à reprodução de uma subjetividade "reestruturada". Aqui a subjetividade é expressão de uma objetividade que não comporta a subjetividade senão como pura totalidade, uma vez que a subjetividade coincide sem fissuras com a objetividade, transparente a ela mesma. Desenvolvem-se análises que revelam uma subjetividade absolutamente sujeitada ao capital. Essa perspectiva de análise privilegia uma apreensão do conceito marxista de trabalho na sua versão de trabalho abstrato, isto é, trabalho alienado, totalmente sobredeterminado pela reprodução do capital. A análise crítica do saber do trabalhador subjacente a essa ótica tem se dado pela via das competências de toda ordem requeridas no trabalho flexível.

• num segundo movimento, surgem as análises que veem a objetividade em sua complexidade, ambivalência e contradição de tal modo que seria impossível fazê-la coincidir com a subjetividade, por si também complexa, ambivalente, contraditória. Compreende-se que a subjetividade é constituída na sua relação com a materialidade capitalista, mas não é a sua reprodução ao infinito, não é pura transparência da objetividade. Ela é reprodução de uma subjetividade capitalista acrescida da produção concomitante de uma nova subjetividade, em que alienação e estranhamento se interpenetram dialeticamente. A subjetividade é expressão de uma objetividade multifacetada e complexa, em cuja penumbra, própria a toda atividade humana, há uma produção de singularidades renormalizadoras[10]. Sob essa ótica, a produção, a mobilização, a organização e a formalização do saber do trabalhador são tomadas como anúncio de uma singularidade ela mesma epistemicamente transgressora da lógica do trabalho e da produção capitalistas.

Uma vez trazida à luz a importância da dimensão subjetiva para compreender o trabalho na sua articulação com a educação, novas pesquisas surgem problematizando novamente os saberes no trabalho, bem como a relação de um sujeito com o saber[11]. A relação do sujeito com o saber evoca um saber sobre o trabalho, sobre o mundo e sobre si mesmo e atualiza a discussão sobre o estatuto epistemológico e político desses saberes, além de pautar uma nova: a natureza da relação subjetiva que um sujeito estabelece com o saber. Aqui, a interlocução com a psicanálise tem sido evocada para dar apoio à tarefa de qualificar a subjetividade na sua relação com a objetividade[12].

---

[10] Cf. SCHWARTZ, Yves. *Le partadigme ergologique ou un métier de Philosophe*. Toulouse: Octarès, 2000. VIEIRA, Luiz Henrique. *Adesão e recusa à transformação da organização do trabalho docente*. Dissertação de mestrado, UFMG, 2003.

[11] Cf. CHARLOT, Bernard. *Da relação com o saber*. Elementos para uma teoria. Porto Alegre: Artmed, 2000. Entrevista com Françoise Hatchwel. In: *Presença Pedagógica*. Belo Horizonte: Editora Dimensão, 2003, n. 52.

[12] As pesquisas em andamento de duas doutorandas do Programa de Pós-Graduação em Educação: conhecimento e inclusão social, da Faculdade de Educação da UFMG, voltam-se para o tema: Lúcia Helena Garcia Bernardes e Margareth Diniz.

Referências

Dossiê Trabalho e Educação. In: *Educação em Revista*. Belo Horizonte: Faculdade de Educação da UFMG, 2001, n. 33.

KUENZER, A . *Educação e trabalho no Brasil*: o estado da questão. Brasília: INEP/REDUC, 1991.

Pedagogia da fábrica. As relações de produção e a educação do trabalhador. São Paulo: Cortez, 1985.

SANTOS, Eloisa e FERREIRA, Tânia. Trabalho por quê? BH: AMAS, 1996.

Ciência e cultura; uma outra relação entre saber e trabalho. In: *Trabalho e Educação*. Belo Horizonte: NETE, n. 7, 2000.

O sujeito nas relações sociais e formativas. In: *Trabalho, formação e currículo. Para onde vai a escola?* São Paulo: Xamã. 1998.

Anais das Reuniões anuais da ANPED. Trabalhos apresentados no GT Trabalho e Educação.

Entrevista com Eunice Trein. In: *Trabalho e Educação*. Belo Horizonte: NETE, n. 0, 1996.

FRIGOTTO, Gaudêncio (Org.). *Educação e crise do trabalho*: perspectivas de final de século. Rio de Janeiro: Vozes, 1998.

A pesquisa sobre currículo no Brasil e a história das disciplinas escolares

Genylton Odilon Rêgo da Rocha

As origens do pensamento curricular no Brasil

A literatura que tem tratado da história do pensamento curricular no Brasil (DOMINGUES, 1988; MOREIRA, 1990; LOPES e MACEDO, 2002) mostra-nos que podemos situar as origens desse campo em nosso país na primeira metade do século XX.

A pesquisa desenvolvida por Antonio Flávio Moreira (1990) identifica as origens dos estudos brasileiros sobre currículo no movimento de reformas educacionais implementadas pelos "Pioneiros da Escola Nova", na década de 20 do século passado. Segundo esse pesquisador, a concepção e os princípios de elaboração de currículo que foram adotados nas reformas educacionais que tiveram à frente adeptos do movimento escolanovista foram posteriormente sistematizados na obra *Pequena introdução à filosofia da educação – A escola progressiva ou a transformação da escola*, publicado em 1934, que dedica um capítulo à discussão das ideias sobre currículo. Afirma ainda Moreira que os primeiros estudos produzidos acerca de currículo no Brasil foram fundamentalmente baseados nas ideias escolanovistas sobre currículo, o "que situa as raízes do pensamento curricular brasileiro nas ideias progressivistas derivadas de Dewey e Kilpatrick e nas ideias de autores europeus como Claparède, Decroly e Montessori" (MOREIRA, 1990, p. 92).

Papel destacado para a afirmação do novo campo teve o INEP (Instituto Nacional de Estudos Pedagógicos) e o PABAEE (Programa de Assistência

Brasileiro-Americana ao Ensino Elementar). O INEP, criado em 1938 durante o governo de Getúlio Vargas, possibilitou a realização de estudos, bem como ofereceu programas de treinamento e cursos para formação de profissionais para atuar com questões curriculares. Cabe neste contexto destacar a importância da Revista Brasileira de Estudos Pedagógicos, publicada desde 1944 sob patrocínio do INEP. Em seu primeiro número, Lourenço Filho, primeiro diretor do órgão estatal, fez publicar artigo de sua autoria intitulado "Programa Mínimo", no qual expôs o modelo de construção curricular adotado pelos pioneiros. Em seu artigo, Lourenço Filho

> enfatizou a importância da elaboração de currículos e programas, processo que, segundo ele, deveria incluir a definição dos objetivos a serem atingidos e das estratégias a serem adotadas. Os programas representariam a fonte de inspiração do trabalho do professor e possibilitariam a organização e o controle dos ambientes instrucionais. Lourenço Filho defendia ainda o estabelecimento de programas mínimos, desde que, além dos aspectos administrativos, os programas considerassem as necessidades sociais e as capacidades individuais. (MOREIRA, 1990, p. 99).

Como resultado dos estudos desenvolvidos pelo INEP, por meio da Campanha de Inquéritos e Levantamentos do Ensino Médio e Elementar, iniciada em 1952, e que teve à frente Anísio Teixeira, publicou-se em 1955 o primeiro livro-texto versando exclusivamente sobre a questão curricular: *Introdução ao Estudo da Escola Primária*, de autoria de João Roberto Moreira. Nessa obra o autor não só oferece um estudo histórico do currículo da escola elementar, como também faz uma análise das reformas curriculares propostas no País.

Somando-se aos esforços desenvolvidos pelo INEP, papel de destaque teve o PABAEE. Esse programa, cujo acordo foi firmado em 1956, visava a treinar supervisores e professores dos cursos normais e de cursos de aperfeiçoamento; produzir, adaptar e distribuir material didático a ser usado no treinamento dos professores; e selecionar professores competentes, com o objetivo de enviá-los para os Estados Unidos para participar de programa de treinamento em Educação Elementar. Por intermédio do Departamento de Currículo e Supervisão tanto oferecia cursos sobre currículo, quanto se dava assistência técnica às autoridades educacionais dos estados brasileiros.

Com o PABAEE houve um aumento significativo da influência americana no campo do currículo em processo de afirmação no Brasil. Nos cursos ministrados para professores de todas as regiões do País, o material era basicamente americano e os raros autores brasileiros utilizados tinham em comum o fato de terem estudado nos Estados Unidos, como era o caso de Marina Couto, Dalila Sperb e Lady Lina Traldi.

A importância do PABAEE para o processo de afirmação do campo do currículo no Brasil não foi apenas porque seus programas de treinamento formaram uma geração de curriculistas, mas sobretudo porque por meio de seus programas, uma nova orientação passou a ser dada aos estudos sobre currículo que passavam a ser realizados. A partir do trabalho de formação que foi desenvolvido, as ideias progressivistas predominantes desse os anos de 1920 começaram a perder força e os novos trabalhos que foram sendo produzidos começaram a sofrer significativa influência do tecnicismo. A tendência tecnicista, em função da interação de condições internacionais, societárias e processuais, como indica Moreira (1990), tornou-se, na década de 1970 , a tendência dominante nos estudos curriculares desenvolvidos no País.

Como podemos perceber, tanto o INEP quanto o PABAEE tiveram papel de destaque na afirmação do campo do currículo, sobretudo em função do treinamento dos primeiros especialistas em currículo no Brasil e pelo incentivo ao desenvolvimento de estudos sobre o campo. Não podemos perder de vista, porém, o contexto no qual se insere o trabalho por eles desenvolvidos. Como nos lembra Moreira:

> A nova especialização visava, de certo modo, a aumentar o controle sobre o processo de elaborar e implementar currículos, de modo a harmonizá-los com os contextos sócioeconômico e político do país. Desejava-se um currículo que contribuísse para a coesão social, que formasse o cidadão de um mundo em mudança, e que atendesse às necessidades da ordem industrial emergente. O sistema educacional brasileiro tornava-se complexo: era preciso que um imenso número de professores com pouco ou nenhum treinamento viesse a ensinar, eficientemente, crianças até então excluídas das salas de aula do país. Daí a preocupação com o novo especialista, também incentivada pela literatura educacional americana da época, que chamava a atenção para a sua relevância no processo de melhoria do ensino. (1990, p. 121)

A ambiguidade que caracterizou a década de 1960 teve, segundo Moreira (1990), reflexos no campo do currículo. De um lado, curriculistas que propugnaram um enfoque curricular mais autônomo; de outro, os que defenderam a busca de modelos estrangeiros. Como resultado, esse campo de estudos, no início daquela década, acabou por ser perpassado por diferentes interesses e refletiu tendências e orientações diversas. Não podemos esquecer que, embora houvesse o domínio da doutrina liberal, trabalhos como o de Paulo Freire se somavam aos de autores que tinham postura nacionalista ou até mesmo radical. Credita-se à sua teoria o primeiro esforço para enfocar a discussão acerca de conhecimento e currículo com base em um interesse em emancipação, como afirmam Moreira (1990) e Domingues (1988).

O movimento pelo qual passou o campo do currículo na década de 1960 e 70 leva Moreira (1990) a concluir que:

> a) as condições estruturais no início dos anos sessenta favoreceram o surgimento de teorias e práticas pedagógicas críticas e, além disso, a combinação inconsistente de orientações divergentes; b) após o golpe de 1964, as transformações políticas, econômicas e ideológicas, juntamente com a influência internacional, contribuíram para a adoção e predominância da tendência tecnicista; c) a Reforma Universitária de 1968 e a organização do curso de pedagogia em 1969 ofereceram as condições para que a base institucional universitária do campo do currículo se consolidasse de fato; e d) apesar da dominância da tendência tecnicista durante a maior parte do período, ideias progressivistas estiveram também presentes no pensamento curricular brasileiro. (MOREIRA, 1990, p. 122-123)

Assim, o campo do currículo só adquiriu de fato a sua maturidade no início da década de 1970, quando surgiram os primeiros cursos de mestrado na área de currículo (Universidade Federal de Santa Maria – 1972, Universidade Federal do Paraná – 1976, Pontifícia Universidade Católica de São Paulo – 1976, e Universidade de Brasília – 1978), e também quando outros cursos já existentes ou posteriormente criados incluíram a disciplina currículo e programa nas atividades curriculares por eles ofertados.

Nessa década também, foram lançados diversos artigos e publicações[1] sobre planejamento curricular, currículo da educação profissionalizante, legislação curricular, etc. Moreira afirma que "as influências observadas nos artigos em currículo, na década em questão, apontam mais para uma postura eclética do que para uma adesão rigorosa ao tecnicismo. Tal ecletismo, aliás, foi observado por Saviani em relação à prática pedagógica. Julgamos que o mesmo fenômeno ocorreu no pensamento curricular brasileiro dos anos setenta." (1990, p. 142). No final dos anos de 1980, um maior grau de autonomia, ante a influência americana pode ser verificado nos estudos realizados, assim como se tornou perceptível certo domínio da tendência crítica sobre o campo. (MOREIRA, 1990)

A influência da tendência crítica fez com que durante os anos de 1980 se tornasse explícita uma preocupação com o currículo da escola fundamental. Frise-se, porém, que, embora tivesse havido naquele período "concordância, por parte dos diversos teóricos, quanto à importância da defesa da escola para as camadas populares, há profundas discordâncias em relação ao currículo dessa

---

[1] Destaque deve ser dado aos livros publicados por Dalila Sperb, como *Problemas Gerais de Currículo*, publicado pela primeira vez em 1966 mas que teve grande repercussão na década de 70, e as obras escritas por Lady Lina Traldi *Currículo – conceituação e implicações*, *Currículo – metodologia de avaliação* e *Currículo – teoria e prática*, lançados todos em 1977.

mesma escola." (Moreira, 1990, p. 164). Fato que pode ser compreendido, se analisarmos as questões postas pelas duas principais orientações que fazem parte da tendência crítica: a pedagogia dos conteúdos e a educação popular.

A produção brasileira no campo do currículo nos anos 90

Lopes e Macedo (2002) ajudam-nos a visualizar um retrato do campo do currículo no início da década de 1990. Segundo essas autoras:

> Enquanto dois grupos nacionais – pedagogia histórico-crítica e pedagogia do oprimido – disputavam hegemonia nos discursos educacionais e na capacidade de intervenção política, a influência da produção de língua inglesa se diversificava, incluindo autores ligados à Nova Sociologia da Educação inglesa e a tradição dos textos de Michael Apple e Henry Giroux. Essa influência não mais se fazia por processos oficiais de transferência, mas sim subsidiados pelos trabalhos de pesquisadores brasileiros que passavam a buscar referências no pensamento crítico. Esse processo menos direcionado de integração entre o pensamento curricular brasileiro e a produção internacional permitia o aparecimento de outras influências, tanto da literatura em língua francesa quanto de teóricos do marxismo europeu. (2002, p. 14)

O pensamento curricular brasileiro inicia, assim, a década sob a influência de um enfoque sociológico. E a grande preocupação dos estudos realizados era com o desvelamento do papel do currículo como espaço de poder. Predominou a ideia de que o currículo só pode ser compreendido quando contextualizado política, econômica e socialmente. Destaque deve ser dado ao fato de que muitas das discussões travadas entre os curriculistas giravam em torno da relação entre currículo e conhecimento, e, de forma emergente, discutia-se a questão da multirreferencialidade.

No final da primeira metade da década passada, o eixo de discussão começava a sofrer mudanças. Lopes e Macedo apontam que a tentativa de compreensão da sociedade pós-industrial como produtoras de bens simbólicos, mais do que bens materiais, fez com que o pensamento curricular brasileiro incorporasse enfoques pós-modernos e pós-estruturais, que convivem hoje com a discussão moderna. Essas autoras ressaltam porém que:

> A teorização curricular passa a incorporar o pensamento de Foucault, Derrida, Deleuze, Guattari e Morin. Esses enfoques constituem uma forte influência na década de 1990, no entanto, não podem ser entendidas como um direcionamento único do campo. Às teorizações de cunho globalizantes, seja das vertentes funcionalistas, seja da teorização crítica marxista, veem se contrapondo a multiplicidade característica da contemporaneidade. Tal multiplicidade não vem se configurando apenas como diferentes tendências

e orientações teórico-metodológicas, mas como tendências e orientações que se inter-relacionam produzindo híbridos culturais. Dessa forma, o hibridismo do campo parece ser a grande marca do campo no Brasil na segunda metade da década de 1990. (2002, p. 16)

Partindo do princípio de que o campo do currículo se constitui em campo intelectual, no interior do qual diferentes atores sociais, que, por possuírem determinado capital social e cultural na área, conseguem legitimar determinadas concepções sobre a teoria de currículo, disputando entre si, o poder de definir quem tem a autoridade na área, Lopes e Macedo identificam três grupos principais que, de forma institucionalizada, têm mantido uma produção constante durante a década de 1990. São eles o grupo liderado por Tomaz Tadeu da Silva, que tem produzido uma teoria curricular com base na perspectiva pós-estruturalista; o grupo coordenado por Nilda Alves na UERJ e por Regina Leite Garcia na UFF, que tem trabalhado o currículo a partir da discussão sobre conhecimento em rede; e o grupo coordenado por Antonio Flávio Moreira, que tem se dedicado a estudar a história do currículo e constituição do conhecimento escolar, desenvolvendo suas atividades com base no Núcleo de Estudos Curriculares, sediado na UFRJ. Interessa-me destacar a produção que está sendo desenvolvida por esse terceiro grupo.

Os estudos em torno do pensamento curricular brasileiro desenvolvido pelo grupo têm objetivado compreender os movimentos de constituição do campo de currículo, assim como compreender as influências da teorização estrangeira nessa constituição. A partir do quadro teórico utilizado pelos pesquisadores, eles têm procurado, em período mais recente, estudar as políticas curriculares implementadas no País, os currículos vigentes e a função do professor e do intelectual na constituição do campo e das práticas vividas. No que diz respeito aos estudos desenvolvidos pelo grupo acerca da história das disciplinas escolares, nos últimos anos a equipe de pesquisadores tem buscado estudar o desenvolvimento e a consolidação de disciplinas escolares ou áreas de conhecimento tendo por base a forma como se desenvolvem em instituições específicas.

Mas em que consiste a pesquisa sobre a história das disciplinas escolares? Como se dá a emergência dos estudos sobre essa temática? Tratemos dessas questões no tópico a seguir.

A pesquisa sobre história do currículo e sobre a história das disciplinas escolares

A emergência da História do Currículo e a História das Disciplinas Escolares insere-se no processo de reconceptualização pelo qual passou o campo do currículo, fortemente influenciado pela Sociologia do Currículo norte-americana, bem como pela "Nova Sociologia" inglesa.[2]

Tanto a Sociologia do Currículo norte-americana como a "nova sociologia" inglesa foram responsáveis, sem dúvida alguma, por importantes avanços no campo da teoria do currículo, sobretudo pela "abertura do leque" que possibilitou novas pesquisas, como, por exemplo, aquelas voltadas para a história do currículo e, mais especificamente, às referentes à história das disciplinas escolares.

Onde se fala da História do Currículo

Segundo a opinião de Silva (1995), o interesse pela história do currículo remonta à primeira fase da "Nova Sociologia da Educação". A importância que essa corrente da Sociologia deu a essa análise do campo do currículo deve-se ao fato de que a perspectiva histórica desvelaria a arbitrariedade dos processos de seleção e da organização do conhecimento educacional e mais particularmente, do conhecimento escolar.

A grande importância que a história do currículo apresenta é o fato de "desnaturalizar" os conhecimentos presentes no currículo. É condição fundamental para a desmistificação desse construto esclarecer que ele é dotado de uma história, que ele é socialmente produzido e, consequentemente, sujeito às mudanças e às flutuações. Nesse sentido, Silva afirma que:

> O currículo tal como nós o conhecemos atualmente não foi estabelecido, de uma vez por todas, em algum ponto privilegiado do passado. Ele está em constante fluxo e transformação. De forma igualmente importante e relacionada, é preciso não interpretar o currículo como resultado de um processo evolutivo, de contínuo aperfeiçoamento em direção a formas melhores e mais adequadas." (1995, p. 07).

Portanto, é exatamente devido à necessidade de historicizar o currículo que surgiu a análise histórica acerca desse construto social. As análises que estão sendo feitas têm procurado mostrar as suas rupturas e disjunturas, tentando, assim, enfatizar não apenas os seus pontos de continuidade e evolução.

---

[2] O termo reconceptualização foi utilizado por James B. Macdonald quando de sua iniciativa em distinguir os objetivos a que pode servir o desenvolvimento de teoria em currículo. Para ele, é possível identificar uma função de orientação, uma função científica e uma função de reconceptualização do campo. "Na primeira função, a teoria é 'um trampolim para se prescrever e dirigir as atividades práticas em relação a currículo'; na segunda, 'tenta-se identificar e descrever variáveis e suas relações com currículo dentro do mais convencional conceito de teoria científica'; na última função, assumem-se as tarefas 'de criticar e criar esquemas conceituais, na esperança de que novos caminhos, mais frutíferos que os atuais, surjam no campo do currículo' ". (DOMINGUES, 1988, p. 21-22)

Um ponto importante para o qual a história do currículo tem procurado chamar a atenção é para os diferentes significados que ao longo do tempo têm sido atribuídos às mesmas palavras. Os(as) historiadores(as) do currículo procuram alertar-nos para a necessidade de desconfiarmos de relatos que atribuem às palavras e conceitos sempre os mesmos significados. Particular atenção devemos ter em relação à atribuição de significados e conteúdos fixos para uma dada disciplina escolar. A geografia escolar mesmo é um bom exemplo, visto que tanto os conteúdos que hoje são reconhecidos como pertencentes a essa disciplina já foram ensinados por outras, quanto também conhecimentos, hoje pertencentes a outras disciplinas, foram ensinados sob o rótulo da geografia.

Para Silva, o objetivo central da história do currículo não se restringe simplesmente à descrição de como se organizava o conhecimento escolar no passado com a finalidade de comparar com a situação atual. Esse autor advoga que mais importante é que os estudos atentem para o processo de seleção e organização do conhecimento que, ao longo do tempo, foi sendo efetivado na escola, o que implica "não ver o currículo como resultado de um processo social necessário de transmissão de valores, conhecimentos e habilidades, em torno dos quais haja um acordo geral, mas como um processo constituído de conflitos e lutas entre diferentes tradições e diferentes concepções sociais" (1995, p. 08).

Outra pesquisa fundamental para o estudo da história do currículo é o que trata dos processos informais e interacionais que subvertem e transformam o que é dito "legal". As leis, as normas, as regulamentações e os guias curriculares, na verdade, não se operacionalizam de forma imperativa no dia a dia da sala de aula, e são interpretados de diferentes formas, distanciando-se em muito da intenção de seus criadores, o que nos permite afirmar que inúmeros processos intermediários agem para transformar o prescrito, apresentando, ao final, nova gama de conhecimentos considerados válidos e legítimos.

Por fim, uma das principais características das pesquisas direcionadas para a história do currículo é o caráter histórico-social por elas assumidas. Nesse sentido, cabe aos(as) estudiosos(as) sobre esse assunto não esquecer que todo currículo tem efeitos sobre as pessoas. Por conta disso, afirma Silva que:

> uma história do currículo não deve estar focalizada apenas no currículo em si, mas também no currículo enquanto fator de produção de sujeitos dotados de classe, raça, gênero. Nessa perspectiva, o currículo deve ser visto não apenas como a expressão ou a representação ou o reflexo de interesses sociais determinados, mas também como produzindo identidades e subjetividades sociais determinadas. O currículo não apenas representa, ele faz. É preciso reconhecer que a inclusão ou exclusão no currículo tem conexões com a inclusão ou exclusão na sociedade. (1995, p. 10).

Não podemos esquecer, no entanto, que muitos estudos sobre a história do currículo são descritivos, que se caracterizam por negligenciar os aspectos políticos da prática pedagógica, assim como são construídos com base em uma visão simplificada da relação existente entre educação e sociedade, que chega ao ponto de acreditar que a educação tem o poder de corrigir as injustiças sociais.

Uma das áreas de estudos que mais têm contribuído para a história dos currículos é a chamada história das disciplinas escolares, sobre a qual iremos tratar a seguir.

O surgimento da "História das Disciplinas Escolares" como área de estudo

A "nova sociologia da educação" deu origem a diferentes áreas de pesquisa, entre as quais podemos incluir a "história das disciplinas escolares".

As pesquisas desenvolvidas nessa área objetivam explicar as transformações ocorridas em uma disciplina ao longo de sua trajetória. Assim, é possível identificarmos os fatores mais diretamente ligados às mudanças de conteúdo e aos métodos de ensino, o que indubitavelmente possibilita maior articulação de propostas mais consistentes de alteração ou implementação de mudanças curriculares.

Outro importante objetivo desse tipo de pesquisa é o oferecimento de explicação para o porquê de um conhecimento ser ensinado nas escolas em determinado momento e local, e a razão dele ser conservado, excluído ou alterado ao longo do tempo.

A teoria da história das disciplinas escolares tem procurado demonstrar que o desenvolvimento de uma disciplina escolar está afeto a fatores internos e externos a ela.

> Os primeiros dizem respeito às próprias condições de trabalho na área (a exemplo de formação de grupos de liderança intelectual, surgimento de centros acadêmicos de grande prestígio na formação dos profissionais da área, organização e evolução das associações de profissionais e de estudantes, bem como de uma política editorial na área, além de outros), e os últimos estão diretamente relacionados à política educacional e ao contexto econômico, social e político que a determinam. A importância, ou o peso atribuído a estes fatores dependerá do nível de desenvolvimento em que se encontram a própria área de estudo, bem como do próprio contexto educacional e do regime político e tradição cultural que o circunscreve. (SANTOS, 1990, p. 21)

Outro aspecto importante levantado pelos estudos sobre a história das disciplinas é a questão de como os rumos de uma disciplina são afetados por debates e disputas entre os subgrupos que a compõem, bem como as influências decorrentes de aspectos da política educacional e da sociedade mais ampla sobre essas disputas. Pode-se perceber tais conflitos também por meio da análise de objetivos, documentos, encontros de associações de professores, estudantes ou pesquisadores, programas oficiais, conferências, pesquisas, relatórios, leis, decretos, pareceres e políticas educacionais que, de forma mais explícita ou quase despercebidamente, os refletem. Em síntese, podemos afirmar, então, que:

> A proposta curricular de uma disciplina em uma determinada época representa, então, a hegemonia de uma determinada posição naquele campo. Partindo desta ideia, a história das matérias ou disciplinas escolares deve considerar o conjunto dos grupos competidores, em qualquer época, lutando por aceitação de suas posições. Desta forma, a história das matérias ou disciplinas escolares deve abranger não apenas os conhecimentos incluídos em um curso de estudo como também os excluídos, devendo, ainda, analisar os efeitos sociais desta inclusão ou exclusão. (SANTOS, 1994, p. 04)

Questão importante que também deve ser ressaltada no estudo da história das disciplinas escolares é o fato de as disciplinas escolares serem historicamente produzidas. Apesar de muitas pessoas acreditarem que as matérias ou disciplinas escolares são estáveis, o que ocorre verdadeiramente é que sob o mesmo rótulo, isto é, sob a mesma denominação, diferentes conteúdos são ensinados ao longo do tempo. Se nos propusermos, entretanto, a analisar de forma mais cuidadosa, perceberemos que foi ocorrendo uma variação na forma e no conteúdo da disciplina. O estudo dessas mudanças é uma das tarefas mais primordiais dos pesquisadores interessados em contribuir na construção da história desses construtos sociais. Ressaltemos, porém, que só é possível entender mudança curricular, se analisarmos a formação social e o papel da educação nela presente, como bem afirma Moreira:

> A tentativa de articular estrutura e fatores processuais no estudo da redefinição de uma disciplina não pode ser bem sucedida se as instituições não são relacionadas às especificidades do contexto socioeconômico em que estão situadas. (1990, p. 40)

A fim de melhor compreendermos as características teórico-metodológicas da história das disciplinas escolares, façamos uma rápida análise das contribuições produzidas por alguns autores e que muito influenciaram no processo de consolidação dessa área de estudo.

Musgrove e Bernstein: discutindo a história das disciplinas no bojo da configuração de uma "Nova Sociologia da Educação"

Indubitavelmente, umas das características essenciais do conhecimento escolarizado é a sua organização em forma disciplinar[3]. As matérias (ou disciplinas) são dotadas de forte identidade institucional, existindo entre elas fronteiras bem nítidas. Apesar de essa característica da escola aparecer tão explícita, poucos foram os que procuraram melhor entendê-la. Na Inglaterra, Frank Musgrove muito contribuiu para a superação dessa realidade, ao propor uma abordagem de pesquisa voltada para o estudo da organização curricular por matérias. Esse autor defende a ideia de que devemos:

> Examinar as matérias tanto dentro da escola quanto na nação em geral, como sistemas sociais sustentados por redes de comunicação, por recursos materiais e por ideologias. Dentro de uma escola e dentro de uma sociedade mais ampla, examinar as matérias como comunidades de pessoas, em competição e em colaboração entre si, definindo e defendendo suas fronteiras, cobrando fidelidade de seus membros e conferindo-lhes um senso de identidade. (MUSGROVE apud GOODSON, 1990, p. 230)

Nos anos de 1970, o tipo de abordagem proposto por Musgrove conheceu na Inglaterra um importante desenvolvimento que contribuiu fortemente para a renovação da reflexão sociológica sobre a escola. Na coletânea organizada por Michael Young, *Knowledge and Control*, por exemplo, o artigo de Basil Bernstein desenvolve uma reflexão original sobre as condições e as implicações sociais da descompartimentação dos saberes escolares. A ideia central defendida nesse artigo era a de que toda espécie de delimitação, quer seja material quer seja simbólica, supõe e induz, com efeito, relações de poder. Tal ideia fica bastante clara no trecho a seguir: "A maneira pela qual uma sociedade seleciona, classifica, distribui, transmite e avalia os saberes destinados ao ensino reflete a distribuição de poder em seu interior e a maneira pela qual se encontra aí assegurado o controle social dos comportamentos individuais" (BERNSTEIN apud FORQUIN, 1992, p. 39).

Para Forquin (1992), essa formulação de Bernstein resume excelentemente a hipótese fundamental que está subjacente no projeto de análise crítica dos saberes escolares e que é a marca característica dessa abordagem, qual seja, por um lado, o tornar explícito o complexo sistema de relações que pode existir entre a estrutura dos saberes escolares e o modo de funcionamento das transmissões educacionais, e, por outro, as formas dominantes de poder e de controle social

---

[3] Moreira chama a atenção para o fato de que esta estrutura curricular acabou sofrendo um processo de "naturalização". Por conta disso, defende esse autor que a história do currículo tem por obrigação questionar também a presente ordem curricular. Afirma ele que "essa disciplinaridade constitui, talvez, o núcleo que primeiro deva ser atacado em uma estratégia de desconstrução da organização curricular existente" (1994, p. 32).

que se exerçam tanto no interior das instituições educacionais (campo escolar) quanto no nível da sociedade global (campo social).

Apesar de reconhecer a originalidade e a fecundidade dos aportes teóricos dessa sociologia crítica dos saberes escolares desenvolvida ao longo da década de 1970, Forquin vê nela certa fragilidade no plano da validação empírica e também certa falta de perspectiva histórica. Para ele, são os trabalhos sócio--historiográficos, como os que vêm sendo desenvolvidos na França por André Chervel e na Inglaterra por Ivor Goodson, os verdadeiramente responsáveis pela abertura de novos caminhos de reflexão sociológica sobre o currículo, as matérias escolares, os conteúdos e as práticas escolares.

Façamos, então, uma rápida análise da teoria produzida por esses autores.

As contribuições teórico-metodológicas de André Chervel e Ivor Goodson para o desenvolvimento da História das Disciplinas Escolares

A CONTRIBUIÇÃO DE ANDRÉ CHERVEL

O estudo histórico dos conteúdos do ensino primário ou secundário raramente gerou maiores interesses dos pesquisadores ou do público mais geral. Esse é o ponto de partida das preocupações de Chervel. No seu ponto de vista, a história do ensino e dos instrumentos de ensino tem sido vergonhosamente negligenciada.

> Se o papel da escola é o de ensinar e, de um modo geral, o de 'educar', como não ver que a história da função educacional e docente deve constituir o pivô ou núcleo da história do ensino? Desde que se compreenda em toda a sua amplitude a noção de disciplina, desde que se reconheça que uma disciplina escolar comporta não somente as práticas docentes da aula, mas também as grandes finalidades que presidiram sua constituição e o fenômeno de aculturação de massa que ela determina, então a história das disciplinas escolares pode desempenhar um papel importante não somente na história da educação mas na história cultural.. (CHERVEL, 1990, p. 184).

Apesar de discordamos tanto da afirmação feita sobre o papel da escola (por nos parecer muito simplista) quanto do que vem a ser, para o autor, o cerne da história das disciplinas[4], pensamos que as contribuições teórico-metodológicas de Chervel contribuem significativamente para os que pretendem se dedicar ao estudo da história das disciplinas escolares. Continuemos, então, na pontuação de suas ideias.

---

[4] Ficamos nos perguntando sobre o papel dos alunos e alunas, das famílias, do poder público e de tantos outros atores e autores sociais que sobre a escola possuem interesses. São eles e elas menos importante para que compreendamos a história do ensino? Acreditamos que não.

Para esse autor, o estudo das disciplinas escolares evidencia o caráter eminentemente criativo da instituição escolar. Longe de ser meras vulgarizadoras de conhecimentos (científicos, artísticos ou técnicos), as disciplinas são criações espontâneas do sistema escolar, o que comprova o caráter criativo acima mencionado. Argumenta ainda que:

> E porque o sistema escolar é detentor de um poder criativo insuficientemente valorizado até aqui é que ele desempenha na sociedade um papel o qual não se percebeu que era duplo: de fato ele forma não somente os indivíduos, mas também uma cultura que vem por sua vez penetrar, moldar, modificar a cultura da sociedade global. (1990, p. 184).

A história dos conteúdos é o componente central, verdadeiramente o pivô ao redor do qual a história das disciplinas escolares se constitui[5]; porém, ele chama atenção para o fato de que os conteúdos de ensino não podem meramente ser identificados como vulgarizações ou como adaptações dos saberes, dos *savoir-faire* correntes na sociedade global, haja vista que as disciplinas escolares são irredutíveis por natureza a essas categorias historiográficas tradicionais. Suas críticas recaem sobre a ideia por muitos compartilhada de que as escolas ensinam os conhecimentos científicos comprovados em outros locais.

Chervel não concorda com a ideia vulgarizada de que as disciplinas escolares não dispõem de existência autônoma. Parece-lhe absurdo serem esses construtos vistos meramente como resultantes da combinação de saberes e métodos pedagógicos.

> Esse esquema, largamente aceito pelos pedagogos, os didáticos e os historiadores, não deixa nenhum espaço à existência autônoma das 'disciplinas': elas não são mais do que combinações de saberes e de métodos pedagógicos. A história cultural de um lado, a história da pedagogia de outro, têm, até o presente, ocupado e esgotado a totalidade do campo. (CHERVEL, 1990, p. 181).

Outra ideia refutada pelo autor é a da separação de conteúdos e métodos pedagógicos. No seu ponto de vista, os métodos devem ser vistos como componentes internos do ensino; assim sendo, sua opinião é a de que

> excluir a pedagogia do estudo dos conteúdos é condenar-se a nada compreender do funcionamento real dos ensinos. A pedagogia, longe de ser

---

[5] Uma nova discordância mantemos com o autor. Se partirmos do princípio de que a disciplina escolar não se resume a conteúdos (temos a forma, as finalidades, as avaliações, os efeitos das avaliações, etc), mais uma vez iremos cair no reducionismo, se consideramos apenas o conteúdo como eixo no qual se constrói a história das disciplinas escolares.

um lubrificante espalhado sobre o mecanismo, não é senão um elemento desse mecanismo, aquele que transforma os ensinos em aprendizagens. (CHERVEL, 1990, p. 182)

O autor enfatiza a importância que a história das disciplinas deve dar ao problema das finalidades da escola, e considera esse problema um dos mais complexos e dos mais sutis com os quais se confronta a história do ensino.

A instituição escolar é, em cada época, tributária de um complexo de objetivos que se entrelaçam e se combinam numa delicada arquitetura da qual alguns tentaram fazer um modelo. É aqui que intervém a oposição entre educação e instrução. O conjunto dessas finalidades consigna à escola sua função educativa. Uma parte somente entre elas obriga-a a dar instrução. Mas essa instrução está inteiramente integrada ao esquema educacional que governa o sistema escolar, ou o ramo estudado. As disciplinas escolares estão no centro desse dispositivo. Sua função consiste em cada caso em colocar um conteúdo de instrução a serviço de uma finalidade educativa. (CHERVEL, 1990, p. 188)

Dessa forma, o estudo dessas finalidades depende em parte da história das disciplinas escolares. A identificação dessas finalidades pode ser obtida mediante análise de textos oficiais programáticos, discursos ministeriais, leis, ordens, decretos, acordos, instruções, circulares[6], que fixam os planos de estudos, os programas, os métodos, os exercícios etc. A tarefa inicial para o estudo das finalidades da escola é a exploração de todas essas *fontes* disponíveis.

Na análise a ser feita, porém, o pesquisador deve saber distinguir entre finalidades reais e finalidades de objetivos, afinal, "as finalidades de ensino não estão todas forçosamente inscritas nos textos. Assim, novos ensinos às vezes se introduzem nas classes sem serem explicitamente formulados. Além disso, pode-se perguntar se todas as finalidades inscritas nos textos são de fato finalidades 'reais'". (CHERVEL,1990, p. 189).

Os que pretendem fazer uma análise sócio-historiográfica das disciplinas escolares devem tomar consciência de que uma estipulação oficial, via decreto ou outro mecanismo, visa mais frequentemente a corrigir um estado de coisas, a modificar ou a suprimir certas práticas, do que a sancionar oficialmente uma realidade. Assim sendo, seria um erro as pesquisas voltadas para o estudo das finalidades da escola se basearem meramente em textos oficiais, visto que não devem e não podem abstrair ou mesmo colocar em segundo plano os ensinos

---

[6] Deve ser questionado até que ponto esta documentação, de fato, expressa as verdadeiras finalidades que os detentores do poder de Estado desejam que a escola efetive por meio de suas práticas e intenções. Não descartamos a importância desse material, muito pelo contrário. Constitui ele, após ser submetido a uma análise documental crítica, excelente fonte primária para análise.

reais, muito pelo contrário, os estudos devem ser simultaneamente conduzidos sobre os dois planos e consequentemente, utilizar, como documentação tanto aquela referente aos objetivos fixados oficialmente quanto as resultantes da realidade pedagógica (relatórios de inspeção, projetos de reforma, artigos ou manuais de didática, prefácios de manuais, polêmicas diversas, relatórios de presidente de bancas, debates parlamentares, etc.).

Partindo do princípio de que o estudo dos ensinamentos efetivamente dispensados é a tarefa essencial do historiador das disciplinas escolares, Chervel afirma que esse não pode, então, omitir-se de dar uma descrição detalhada desse ensino em cada uma de suas etapas (o descrever, no entanto, não deve se limitar à apresentação dos conteúdos programáticos, haja vista que estes são apenas meios utilizados para se alcançar um fim). Ela deve descrever também a evolução da didática, pesquisar as razões da mudança, tornar clara a coerência interna dos diferentes procedimentos aos quais se lançou mão, e estabelecer a ligação entre o ensino dispensado e as finalidades que presidem seus exercícios.

Em um estudo acerca da história das disciplinas escolares, o que deve chamar prioritariamente a atenção é o conteúdo do conhecimento, uma vez que é ele que faz com que a disciplina se diferencie das demais modalidades de aprendizagem não escolares. Em cada uma das disciplinas, o peso específico desse conteúdo explícito constitui uma variável histórica a cujo estudo deve ser dado um papel privilegiado na história das disciplinas escolares.

> A tarefa primeira do historiador das disciplinas escolares é estudar os conteúdos explícitos do ensino disciplinar. [...] todas as disciplinas, ou quase todas, apresentam-se sobre este plano como corpus de conhecimento, providos de uma lógica interna, articulados em torno de alguns temas específicos, organizados em planos sucessivos claramente distintos e desembocando em algumas ideias simples e claras, ou em todo caso encarregadas de esclarecer a solução de problemas mais complexos. (CHERVEL, 1990, p. 203).

O estudo dos conteúdos explícitos é facilitado pela existência de uma documentação abundante, a "vulgata". A descrição e a consequente análise dessa vulgata constituem a tarefa fundamental do historiador de uma disciplina escolar. A não possibilidade de estudar minuciosamente o conjunto da produção editorial existente exige, então, do pesquisador a determinação de um *corpus* suficientemente representativo de seus diferentes aspectos.

A pesquisa na área da história das disciplinas escolares não pode, entretanto, reduzir-se ao estudo dos conteúdos explícitos. Outro importante material de análise é o exercício escolar. Além desses, o último ponto considerado pelo autor como importante na "arquitetura das disciplinas" é a prova de natureza docimológica.[7] Justificando a sua opinião acerca desse ponto, Chervel nos mostra que:

> As necessidades de avaliação dos alunos nos exames internos ou externos engendraram dois fenômenos que pesam sobre o desenrolar das disciplinas ensinadas. O primeiro é a especialização de certos exercícios na sua função de exercícios de controle. [..]. o segundo fenômeno é o peso considerável que as provas do exame final exercem por vezes sobre o desenrolar da classe e, portanto, sobre o desenvolvimento da disciplina, ao menos em algumas de suas formas. (CHERVEL, 1990, p. 206).

Em síntese, o autor demonstra que as disciplinas escolares se constituem de uma combinação, em proporções variáveis, conforme o caso, de várias partes constituintes: ensino de exposição, exercícios, práticas de incitação e de motivação e aparelho docimológico, geralmente funcionando em estreita colaboração entre si, bem como, cada qual à sua maneira, intimamente ligados com as finalidades da escola.

Por fim, o autor aponta a observação dos efeitos do ensino como fundamental para os estudos na área da história das disciplinas. Segundo nos é mostrado, a assimilação efetiva do curso e a aculturação resultante constituem, de fato, uma garantia de que o que foi falado pelos professores realmente foi entendido, bem como de que a disciplina realmente funcionou.

> O estudo histórico da cultura escolar recebida pelos alunos constitui, na história das disciplinas escolares, o terceiro elemento do tríptico. É somente então que se pode dar uma resposta à interrogação de partida: o ensino 'funcionou'? As finalidades foram preenchidas? As práticas pedagógicas se mostraram eficazes?. (CHERVEL, 1990, p. 212)

Devemos ainda ressaltar o fato de que, mesmo sendo o conjunto de matérias ensinadas no mesmo estabelecimento, em cada época, uma rede disciplinar, que não deixa de exercer uma influência mais ou menos forte sobre cada uma de seus próprios constituintes, não pode a história de uma disciplina marginalizar a natureza das relações que se dão entre a disciplina estudada e as disciplinas vizinhas.

A CONTRIBUIÇÃO DE IVOR GOODSOM

Outro autor que tem recebido bastante atenção por parte dos estudiosos da "nova sociologia da educação", e, mais especificamente, dos que se debruçam sobre a pesquisa na área da história das disciplinas escolares, é Ivor Goodson.

---
[7] O termo docimologia significa em língua francesa (*docimologie*) estudo científico dos exames e dos concursos. A palavra não tem tradução dicionarizada em língua portuguesa.

Ele tem se dedicado em particular a compreender o processo de emergência e evolução das matérias escolares. Três são as hipóteses que subjazem nas análises por ele feitas: a primeira é a de que as matérias escolares não podem ser consideradas como entidades monolíticas, embora se apresentem, verdadeiramente, como agregados instáveis de subgrupos e de tradições heterogêneas; a segunda é a de que o processo de implantação de uma matéria escolar passa pela substituição de uma legitimação acadêmica a uma justificação puramente pedagógica ou utilitária; finalmente, a terceira hipótese é a de que as matérias novas representam frequentemente um elemento conflituoso para as disciplinas já existentes, em virtude dos problemas de definição de estatuto, de divisão de recursos, de delimitação de territórios colocadas por sua inserção como parte integrante do *corpus* de saberes escolares e também por sua introdução nos horários escolares.

Em sua análise acerca da área de estudos chamada de "história social dos conteúdos escolares", Goodson (1990) afirma que as atuais explicações sobre as matérias escolares são oriundas de duas perspectivas: a sociológica e a filosófica.

As análises sociológicas têm seguido a sugestão feita em 1968 por Musgrove, no sentido de que os pesquisadores deveriam analisar as matérias não só dentro da escola, mas na nação em geral, encarando-as como sistemas sociais sustentados por redes de comunicação, por recursos materiais e por ideologias.

Mais recentemente, a perspectiva sociológica foi reforçada pelos argumentos de dois outros teóricos: Bernstein e Young.

Para Bernstein, "a forma pela qual a sociedade seleciona, classifica, distribui, transmite e avalia o conhecimento educacional que ela considera ser público, reflete tanto a distribuição de poder quanto os princípios de controle social" (BERNSTEIN apud GOODSON, 1990, p. 230-231). Na mesma direção, Young afirma que "a consideração das suposições que subjazem na seleção e na organização do conhecimento por aqueles que estão em posições de poder pode ser uma perspectiva frutífera para se levantar questões sociológicas sobre o currículo". (YOUNG apud GOODSON, 1990, p. 231).

Com base nesses dois argumentos, não seria errado afirmarmos que, para a perspectiva sociológica, as disciplinas ou os conteúdos escolares são estruturados de acordo com os interesses dominantes dos detentores do poder na sociedade.

Para Goodson, apesar de a perspectiva sociológica estar correta em um sentido, ela ainda se apresenta limitada; por considerar os conteúdos escolares como não mais que construtos sócio-históricos de uma época específica, mostra-se injusta com aqueles grupos envolvidos ao longo do tempo com o desenvolvimento e a promoção desses mesmos conteúdos.

A outra perspectiva de análise por ele apontada é a filosófica. Na sua opinião, essa segunda escola de explicação precedeu e tem se mantido em oposição às perspectivas sociológicas.

Segundo essa perspectiva, as disciplinas escolares são criadas e sistematicamente definidas por uma comunidade de estudiosos (*scholars*), geralmente ligados a um departamento universitário, que as "traduzem" para uso como uma matéria escolar. Isso posto, pressupõe-se que a evolução das disciplinas escolares está inteiramente dependente do desenvolvimento acadêmico de um determinado campo de conhecimento. Tal visão tem sido geralmente aceita tanto por educadores(as) quanto pelos(as) leigos(as), além do que vem sendo sustentada por porta-vozes governamentais (eis a razão de ele afirmar ser possível chamar essa perspectiva de "visão oficial") e agências educacionais, associações de disciplinas e, talvez de forma mais acentuada, pela mídia.

Contrapondo-se aos pressupostos da perspectiva filosófica, Goodson afirma que:

> Análises mais atentas das matérias escolares revelam uma série de paradoxos inexplicáveis. Em primeiro lugar, o contexto escolar é, sob muitos aspectos, muito diferente do contexto universitário - problemas mais amplos de motivação do aluno, de capacidade e de controle necessitam ser considerados. A tradução da "disciplina" para a "matéria escolar", portanto, exige uma considerável adaptação e como resultado, 'muitas matérias escolares dificilmente podem ser chamadas de disciplinas e muito menos de forma de pensamento. Muitas não são claras a respeito de seus conceitos mais frutíferos, formas de explicação e metodologia específica'. Em segundo lugar, as matérias escolares são, com frequência, ou divorciadas de sua disciplina-base ou não têm uma disciplina-base. Muitas matérias escolares, portanto, representam comunidades autônomas. (1990, p. 234).

Esse autor defende a ideia de que, ao contrário de serem disciplinas acadêmicas, muitas matérias escolares têm uma origem cronológica anterior a de suas "disciplinas-mãe". Nos casos em que isso ocorre, a matéria escolar em desenvolvimento realmente causa a emergência de uma base universitária para a "disciplina", de maneira que os (as) professores(as) que atuam com o seu ensino em outros graus possam ser treinados(as) ou formados(as).

Como último contraponto, Goodson frisa que "longe de serem asserções intemporais de conteúdo intrinsecamente válido, as matérias e as disciplinas estão em constante fluxo. Portanto, o estudo do conhecimento em nossa sociedade deveria ir além de um processo a-histórico de análise filosófica, em direção a uma investigação histórica detalhada dos motivos e das ações por trás da apresentação e da promoção das matérias e disciplinas" (1990, p. 236).

Goodson tem proposto que os estudos sobre o currículo superem o enfoque que vê tal currículo como prescrição. Afirma ele que devemos adotar plenamente o conceito de currículo como construção social, já que tal conceituação nos permite compreender a construção social desse construto, tanto no nível da prescrição quanto no do aspecto prático. Aponta, ainda, que uma pesquisa sobre o currículo, que vise a desenvolver um estudo construcionista, pode se utilizar de vários enfoques metodológicos, a exemplo do enfoque individual, do de grupo ou coletivo e, ainda, do relacional.

A lacuna mais significativa que hoje existe para a efetivação de estudos como o proposto acima é a ausência de estudos históricos sobre a construção social do currículo escolar. Segundo Goodson, "sabemos muito pouco sobre como as matérias e temas fixados nas escolas se originam, são elaborados, redefinidos e metamorfoseados" (1995, p. 76). Esses estudos passam a ser vistos como pré-requisitos essenciais para o processo de reconceptualização do campo. Alerta, ainda, para o fato de que os(as) estudiosos(as) da história do currículo não podem cair na falsa dicotomia de só estudar a prática ou, ao contrário, de só estudar o prescrito. Propõe que desenvolvamos:

> enfoques integradores para o estudo construcionista social. Neste sentido, um exame de nível relacional ofereceria uma estratégia para fortalecer e aproximar, significativamente, estudos sobre ação e estudos sobre o contexto. Antes de tudo, as perspectivas construcionistas sociais melhorariam o nosso entendimento em relação à política curricular, e com isso proporcionariam valiosos 'mapas ilustrativos', com a ajuda dos quais os mestres poderiam entender e situar os parâmetros da sua prática. (1995, p. 79).

Nos estudos históricos propostos por Goodson, a preocupação principal está nas questões internas da escola, como podemos perceber no trecho abaixo, em que o autor se posiciona em relação à chamada "corrente revisionista de história da educação":

> nós somos críticos em relação à abordagem 'revisionista', mais porque, como 'principal corrente' da história da educação, ela se concentra nos contextos políticos e administrativos de escolarização e permanece 'externa' à escola. Nós, ao contrário, preocupamo-nos em penetrar nos padrões 'internos' de escolarização, mas, da mesma forma que os revisionistas, defendemos a ideia de que os estudos históricos desempenham papel importante no desafio e informação sobre a teoria. (1995, p. 117-118)

Essa afirmação permite-nos formular duas críticas às propostas desse autor. A primeira é nossa discordância em relação à opção apenas pelos aspectos internos da escola, como se apenas eles fossem suficientes para compreender sua dinâmica num dado momento e num dado local. Acreditamos que a compreensão do funcionamento da escola, sua estruturação, suas finalidades, seu currículo, etc., só podem ser realmente compreendidos se vistos como resultantes tanto de questões "internas" quanto de questões ligadas ao contexto mais amplo.

Uma segunda discordância diz respeito à visão de história que perpassa a obra desse autor. Parece-nos que ela se caracteriza pela sucessão de eventos, adquirindo um caráter descritivo muito acentuado, como podemos perceber na análise que ele faz sobre a disciplina geografia no currículo escolar inglês (Goodson, 1990). No nosso ponto de vista, a história das disciplinas escolares precisa preocupar-se com a dialética dos acontecimentos e ser analisada, portanto, com base em suas inserções nos contextos econômico, político e social. A história não pode ser meramente descritiva, ela precisa ser, sobretudo, explicativa e problematizadora.

Para que reflitamos sobre...

Não obstante a importância que o estudo da história das disciplinas escolares possui para a compreensão da lógica dos currículos e de seu papel no processo educativo, nos meios acadêmicos, pouca tem sido a preocupação por parte de pesquisadores e pesquisadoras com o resgate da história das disciplinas que compuseram ou compõem o currículo escolar brasileiro. A história das disciplinas, constatamos, tem sido sistematicamente relegada a segundo plano pela comunidade acadêmica, a mesma comunidade que tem buscado amiúde intervir nos rumos dado ao ensino das disciplinas, com um claro intuito de sanar os problemas por elas apresentados sem, porém, buscar as origens desses problemas. Até mesmo os próprios educadores(as) que atuam com o ensino das disciplinas escolares, pouquíssimo têm se preocupado com essa questão. É como se as disciplinas não fossem dotadas de história.

As consequências provocadas por essa carência de estudos sobre o assunto são, entre outras, o quase que total desconhecimento do porquê da presença de tais disciplinas no currículo escolar brasileiro, bem como dos caminhos percorridos desde sua inserção nos currículos prescritos até os dias de hoje, somado ainda ao pouco conhecimento acumulado acerca das transformações epistêmico-didáticas vivenciadas por elas.

Somos da opinião de que a história das disciplinas escolares brasileiras não pode e não deve continuar marginalizada. Acredito ser fundamental o seu estudo; porém, penso não ser suficiente só a investigação acerca da história factual das disciplinas. É necessária uma análise crítica do processo histórico de sua construção.

A pesquisa sobre a história das disciplinas escolares é um campo fértil à espera de semeadores. Pode ser que a crescente atenção que o campo do currículo tem despertado amplie a curiosidade de estudiosos acerca da trajetória das disciplinas escolares, possibilitando o desenvolvimento de pesquisas que possam verdadeiramente mapear e radiografar as disciplinas, atuais ou pretéritas, componentes do currículo escolar brasileiro.

Referência

APPLE, Michael. *Ideologia e currículo*. São Paulo: Brasiliense, 1982.

_____. *Educação e poder*. Porto Alegre: Artes Médicas, 1989a.

_____. Currículo e poder. *Rev. Educação e Realidade* (Porto Alegre), n. 14(2), jul./dez. 1989b.

_____. Repensando ideologia e currículo. In: MOREIRA, A. F. B. e SILVA, T. T. (Orgs) *Currículo, cultura e sociedade*. São Paulo: Cortez, 1994.

_____. *Trabalho docente e textos*: economia política das relações de classe e de gênero em educação. Porto Alegre: Artes Médicas, 1995

APPLE, Michael. & WEIS, L. Vendo a educação de forma relacional: classe e cultura na sociologia do conhecimento escolar. *Rev. Educação e Realidade* (Porto Alegre), n. 11(1) jan./jun. 1986.

CHERVEL, André. História das disciplinas escolares: reflexões sobre um campo de pesquisa. *Rev. Teoria e Educação* (Porto Alegre), n. 2, 1990.

DOMINGUES, José Luiz. *O cotidiano da escola de 1º grau*: o sonho e a realidade. São Paulo: EDUC, 1988 (Coleção Teses Universitárias).

FORQUIN, Jean-Claude. Saberes escolares, imperativos didáticos e dinâmicas sociais. *Rev. Teoria e Educação* (Porto Alegre), n. 5, 1992.

_____. *Escola e cultura* - as bases sociais e epistemológicas do conhecimento escolar. Porto Alegre: Artes Médicas, 1993.

GIROUX, Henry. *Pedagogia radical* - subsídios. São Paulo: Cortez/Autores Associados, 1983 (Coleção Educação Contemporânea).

_____. *Teoria crítica e resistência em educação*. Petrópolis: Vozes, 1986.

FORQUIN, Jean-Claude. O pós-modernismo e o discurso da crítica educacional. In: SILVA, Tomaz T. (Org) *Teoria educacional crítica em tempos pós-modernos*. Porto Alegre: Artes Médicas, 1993.

GIROUX, Henry.& MCLAREN, Peter. Linguagem, escola e subjetividade: elementos para um discurso pedagógico crítico. *Educação e Realidade* (Porto Alegre), 18(2):21-35, jun./dez., 1993.

GOODSON, Ivor F. Tornando-se uma matéria acadêmica: padroes de explicação e evolução.. *Teoria e Educação* (Porto Alegre), n. 2, 1990.

_____. *Currículo*: teoria e história. Petrópolis: Vozes, 1995

YOUNG, Michael. Currículo e democracia: lições de uma crítica à "nova sociologia da educação". *Educação e Realidade* (Porto Alegre), n. 14(1), jan./jun., 1989.

LOPES, A.C. & MACEDO, E. O pensamento curricular no Brasil. In: _____. (Orgs). Currículo: debates contemporâneos. São Paulo: Cortez, 2002, v. 2.

MOREIRA, Antonio Flávio B. *Currículos e programas no Brasil*. Campinas: Papirus, 1990.

_____. Currículo e controle social. *Rev. Teoria e Educação* (Porto Alegre), n. 5, 1992

_____. *História do currículo: examinando contribuições e alternativas*. In: VII ENCONTRO NACIONAL DE DIDÁTICA E PRÁTICA DE ENSINO, 6, 1994, Goiânia. Anais... Goiânia: Cegraf-UFG,1994. p.273-290

MOREIRA, Antonio Flavio B. e SILVA, Tomaz Tadeu. Sociologia e teoria crítica do currículo: uma introdução. in: _____ (orgs) *Currículo, cultura e sociedade*. São Paulo: Cortez, 1994.

ROCHA, G. O. R. *A trajetória da disciplina geografia no currículo escolar brasileiro (1937-1942)*. Pontifícia Universidade Católica de São Paulo, São Paulo, 1996. (Dissertação de Mestrado).

SANTOS, Lucíola L.C.P. História das disciplinas escolares: perspectivas de análise. *Teoria e Educação* (Porto Alegre), n. 2, 1990.

_____. *História das disciplinas escolares: outras perspectivas de análise*. VII Encontro Nacional de Didática e Prática de Ensino, 6, 1994,Goiania. Anais...Goiânia: Cegraf-UFG,1994, p. 158-165.

SAVIANI, Nereide. *Saber escolar, currículo e didática* - problemas da unidade conteúdo/ método no processo pedagógico. Campinas: Autores Associados, 1994.

SILVA, Tomaz Tadeu. Apresentação. In: GOODSON, Ivor F. *Currículo*: teoria e história. Petrópolis: Vozes, 1995.

WILLIAMS, Raymond. *Marxismo e literatura*. Rio de Janeiro: Zahar Editores, 1979.

A pesquisa educacional no Brasil sobre o programa da escola nova

Rosemary Dore Soares

Realizo, neste texto, algumas reflexões sobre tendências da investigação a respeito do surgimento do programa da escola nova no Brasil, considerando também suas possíveis influências sobre a formulação de políticas públicas para a educação no País. Duas razões estão na base da escolha deste tema como referência para discutir a pesquisa educacional brasileira. A primeira deve-se à importância histórica e política das ideias difundidas pelo movimento intelectual em favor da escola nova. O Manifesto dos Pioneiros, que explicitou o programa da escola nova há 70 anos, continua, ainda hoje, a ser analisado e, sem dúvida, a ter consequências para a educação brasileira. A segunda é porque a escola nova, apresentada também como escola única, é um tema que faz parte de minhas pesquisas sobre a concepção gramsciana da escola unitária, sendo referência fundamental para analisar políticas educacionais, no Brasil e no exterior, que aprofundam uma organização dualista da escola. Assim, nada mais oportuno do que discutir problemas metodológicos da pesquisa sobre o assunto, que é um problema de compreensão de políticas públicas.

A relação entre o estudo de atuais políticas públicas para a educação no Brasil e a busca de indicadores teóricos e políticos nas décadas dos 1910, 1920 e 1930, para compreender a organização que foi assumindo a escola no Brasil, não é casual. Tais décadas, que marcam a introdução do programa da escola nova no Brasil, são emblemáticas na pesquisa em educação. Nos anos oitenta, Mirian Jorge Warde[1] afirmava que muitas pesquisas em educação faziam "longos recuos no tempo" mais para encontrar a origem da questão examinada do que para vasculhar "as zonas de sombra nas quais se encontra a história da educação brasileira" (WARDE, 1984, p. 6). A busca de elementos históricos para compreender a gênese de um processo educacional não deixa de ser também uma forma de "vasculhar" possíveis zonas de sombra, constituindo-se, assim, numa investigação de ordem teórica e metodológica.

São enormes as zonas de sombra ainda existentes na pesquisa educacional brasileira sobre o período que vai do final do século XIX às três primeiras décadas do século vinte. A diversidade de tratamento teórico e metodológico sobre o período resulta não somente em avaliações distintas sobre significado teórico e político do programa da escola nova, como também sobre a formulação de políticas públicas, particularmente no que diz respeito à organização da escola média. O programa da escola nova é visto ora como democrático, ora como reacionário e, dificilmente, como um programa contraditório. De um lado, apresentou a proposta da escola única, referência importante para discutir a organização da escola média; de outro, encaminhou novas formas de seletividade para a escola, baseadas em testes psicológicos e outros padrões de avaliação, que reforçaram o dualismo escolar. Os Pioneiros da escola nova, evidentemente, não tinham em vista uma unidade da escola nos moldes concebidos por Gramsci, para quem a proposta da escola unitária é parte da busca de igualdade social.

A diversidade de interpretações sobre o significado do programa da escola nova tem relação com as diferentes metodologias por meio das quais são estabelecidas interconexões entre os níveis lógico e histórico na produção do conhecimento. Se a lógica possibilita a inteligência do real, este último, por sua vez, é um movimento histórico, com especificidades próprias e que mudam constantemente. Assim, na pesquisa científica, entendida como busca de apreensão do real como atividade social, como movimento histórico, há um nexo profundo entre Filosofia, dimensão conceitual, e História, concebida como a atividade dos sujeitos sociais na produção do real.

Grande parte da pesquisa em educação sobre as primeiras décadas do século XX, entretanto, não tem levado na devida conta a importância da relação entre Filosofia e História como dimensão fundamental à produção do conhecimento. Um exemplo disso é dado pela importação, para o contexto brasileiro, de referenciais teóricos e históricos produzidos na análise de outras formações sociais. Esse é o caso do que, aqui, estou chamando de modelo ja-

---

[1] WARDE, Mirian Jorge. Anotações para uma historiografia da educação brasileira. *Em Aberto*. Brasília, MEC/INEP, ano 3, n. 23, set./out., 1984, p. 1-6.

cobino-bonapartista: as matrizes teóricas da análise da Revolução Francesa, abrangendo o período que vai dos jacobinos[2] a Luis Bonaparte III (1851-1870), foram importadas para o estudo do contexto histórico e político brasileiro, desde a passagem do século XIX ao XX até os anos de 1930. Adotado como paradigma para o exame dos caminhos seguidos pela educação no Brasil nesse período, o modelo jacobino-bonapartista aparece no conceito de passagem do *"entusiasmo pela educação" ao "otimismo pedagógico"*. Esse é o referencial teórico que tem sido largamente utilizado na pesquisa educacional brasileira para interpretar o período em que se configurou uma educação vinculada ao mundo urbano e industrial e no qual teve lugar a difusão do programa educacional dos pioneiros da escola nova. Transformada numa espécie de "cânone", aquela tese tem sido exaustivamente reproduzida em pesquisas sobre a educação brasileira, como se a repetição fosse suficiente para afirmar a cientificidade de uma abordagem. Tendo em vista a forte presença desse "cânone" de interpretação na pesquisa em educação que trata do referido período, focalizarei, no âmbito deste trabalho, a tese do deslocamento do "entusiasmo" ao "otimismo".

Inicialmente, abordarei as relações entre os níveis lógico e histórico na investigação científica. Trata-se, em outros termos, do vínculo entre Filosofia e História, preceito metodológico que foi caro à reflexão de Marx sobre a produção do conhecimento numa perspectiva dialética, especialmente em sua crítica ao idealismo hegeliano. Foram reflexões retomadas por Gramsci, quando polemizou com tendências idealistas e empiristas na análise do Estado e da sociedade, gerando conceitos que foram muito ricos para a análise das especificidades da Itália no contexto europeu, por ter sempre presente a complexidade das relações entre o lógico e o histórico. Alguns de seus conceitos, como o de "revolução passiva", foram criteriosamente tomados como referência para a análise da expansão do capitalismo no Brasil, nas três primeiras décadas do século XX, e contribuem para pôr em xeque interpretações calcadas no modelo "jacobino-bonapartista". Assim, na segunda parte deste texto, apresento, à luz de uma perspectiva teórico-gramsciana, interpretações sobre a reorganização do Estado brasileiro, na década de 1930, e também sobre a educação. O movimento teórico que consolidou o modelo "jacobino-bonapartista", como

---

[2] O período jacobino significa, aqui, um contexto social e político no qual a burguesia se torna hegemônica, no sentido adotado por Gramsci, quando se refere aos jacobinos. Para ele, os jacobinos "foram o único partido da revolução em ato, não apenas como representantes das necessidades e aspirações imediatas das pessoas físicas concretas que constituíam a burguesia francesa, mas representavam o movimento revolucionário no seu conjunto, como desenvolvimento histórico integral, porque mostravam as necessidades também futuras e, de novo, não apenas daquelas determinadas pessoas físicas, mas de todos os grupos nacionais que deveriam ser assimilados ao grupo fundamental existente" (GRAMSCI, Antonio. *Quaderni del carcere*. Torino: Einaudi, 2001, p. 2028).

parâmetro para analisar aquele referido período da educação brasileira, é focalizado na terceira parte deste ensaio, com base nas categorias elaboradas por Nagle para analisar o surgimento da escola nova no Brasil, como resultado do deslocamento do "entusiasmo pela educação" ao "otimismo pedagógico". Nas considerações finais, apresento também alguns dilemas produzidos por esse "cânone" interpretativo.

Relações entre Filosofia e História na investigação científica

A formulação de conceitos constitui um dos mais sérios desafios à investigação científica. A pesquisa tem como objetivo apreender a realidade do ponto de vista cognitivo, partindo do pressuposto de que, no aparente caos com que ela se nos apresenta, existem nexos que lhe dão inteligibilidade. Mas são relações invisíveis, que podem ser construídas por meio de duas dimensões da investigação: a teórica e a empírica. A compreensão do real requer instrumentos que sejam capazes de explicar relações em *movimento*, que não podem ser "congeladas" para efeitos de estudo. Movimentam-se e transformam-se ao mesmo tempo. Como compreender algo que ao mesmo tempo *é* e *não é* porque sempre mutante e pleno de contradições?

Para compreender a realidade que se nos apresenta como um "perene fluir dos acontecimentos", um movimento rico e contraditório no qual estão sendo produzidas novas determinações do próprio real, é preciso formular conceitos, que lhe possam dar inteligibilidade.[3] Se o conceito nos permite identificar e mostrar as conexões "invisíveis" que dão lógica ao real e podem explicá-lo, ele não é a realidade e esta, por sua vez, não se reduz ao conceito. Eis uma distinção fundamental ao processo de conhecimento, observada por Gramsci (2001). Ele chama a atenção ainda para outro aspecto da relação entre conceito e realidade: "se *realidade em movimento* e *conceito de realidade* são logicamente diferentes, ambos também constituem uma *unidade* inseparável no *processo histórico*." São dois momentos imprescindíveis à compreensão da realidade: o de *distinção* e o de *unificação*. (GRAMSCI, Antonio. *Quaderni del carcere*. Torino: Einaudi, 2001, p. 1241).[4]

---

[3] Além disso, se a pesquisa empírica é imprescindível à inteligibilidade do real, também é fundamental o referencial teórico, uma espécie de "óculos" (teoria) que possibilitem ao investigador dar sentido às informações obtidas, "reconstruindo-as" (Ver SCHAFF, Adam. *História e verdade*. São Paulo, Martins Fontes, 1987 e CARR, E. H. *Que é história?* Conferências George Macaulay Trevelyan, proferidas por E. H. Carr na Universidade de Cambridge, jan./mar. de 1961. Rio de Janeiro: Paz e Terra, 1982).

[4] Não se observando esses dois momentos, diz o autor, "sucede o que sucedeu a Croce, isto é, a história torna-se uma história formal, uma história de conceitos e, em última análise, uma história de intelectuais..." (GRAMSCI, Antonio. *Quaderni del carcere*. Torino: Einaudi, 2001, p. 1241).

A não distinção entre *conceito* e *realidade* leva ao idealismo, como mostra Marx ao criticar a perspectiva teórica de Hegel, dizendo que a realidade não começa a existir depois que é explicada (MARX, 1977, p. 218)[5]. Ela existe tanto antes quanto depois da explicação. A relação entre teoria e prática, Filosofia e História, é, para ele, um problema que não tem *solução teórica*, nem tampouco *empírica*. Não se resolve na sobrepujança do plano teórico sobre o prático ou vice-versa. Ela se dá na *história*, entendida como a construção, pelos sujeitos sociais, de si mesmos e do seu mundo, do real, como movimento de ideias e práticas. Somente no processo histórico, *conceito* (teoria) e *realidade em movimento* (prática) se unificam.

Inspirado na reflexão marxiana sobre a unidade entre teoria e prática no movimento histórico, Gramsci formula dois princípios metodológicos para a pesquisa: 1) o de que o conceito, sendo resultado do pensamento, não produz a realidade e 2) o de que a realidade em movimento é síntese do pensamento (Filosofia) e da atividade dos homens (História). Somente por meio da dialética entre estes dois termos – teoria e prática – a realidade pode ser conhecida. É nesse sentido que podemos entender sua concepção sobre a identidade entre Filosofia e História: a Filosofia é História *em ato, in fieri* (GRAMSCI, 2001).

Sendo *constitutiva* da própria explicação do real, a História não pode ser tratada como uma "ilustração" ou "pano de fundo" para situar um problema de pesquisa. Desse preceito metodológico, entretanto, tem se afastado grande parte das investigações que adotam o conceito de passagem do *"entusiasmo pela educação"* ao *"otimismo pedagógico"*. É um conceito que não se refere apenas a mudanças em concepções pedagógicas na história da educação, mas também expressa determinada leitura do Estado capitalista no Brasil, tendo se convertido num marco de compreensão do ideário da escola nova.

A existência de outras análises sobre o contexto histórico das três primeiras décadas do século XX no Brasil, especialmente sobre a reorganização das forças sociais nos anos de 1930, possibilitam outra interpretação do movimento educacional dos pioneiros da escola nova, diferente daquela que se tornou hegemônica. São análises feitas à luz da contribuição teórica gramsciana, que abordaremos a seguir.

O surgimento do programa da escola nova à luz de um enfoque gramsciano

A "escola nova"[6], também conhecida como "escola ativa" (Europa) ou "progressiva" (Estados Unidos), foi uma tendência que conseguiu se tornar

---

[5] MARX, Karl. *Contribuição à crítica da economia política*. São Paulo: Martins Fontes, 1977.

[6] A "escola nova" ou "ativa" foi objeto de várias interpretações entre os intelectuais que, direta

hegemônica na educação em diante da realização de um propósito comum: o de reorganizar a escola para responder aos conflitos que se apresentaram para a burguesia, a partir da segunda metade do século XIX, quando os trabalhadores começaram a se organizar como classe e a apresentar sua própria filosofia de sociedade. É uma tendência que tem suas especificidades na Europa, nos Estados Unidos e, evidentemente, no Brasil, aonde vem aportar nos anos de 1920.

Em estudo sobre a elaboração do programa da escola nova (SOARES, 2000), tomei como referência teórica as reflexões de Gramsci sobre a escola ativa na Itália. Se suas referências à escola constituem o material do *Caderno do cárcere* 12, que não são muito extensas, tais referências não podem ser examinadas senão no conjunto de sua obra da prisão. São suas análises sobre o Estado e a sociedade civil, considerando principalmente a noção de hegemonia, que vão dar os elementos essenciais para compreender sua interpretação sobre a escola ativa e a sua proposta para a escola unitária. A abordagem da reflexão de Gramsci, no âmbito deste trabalho, tem o objetivo apenas de identificar três questões que considero essenciais à análise do programa da escola nova.

A primeira questão refere-se ao fato de que, diferentemente de Marx, que não conheceu o programa da escola nova, visto que tal proposta ainda não havia aparecido à sua época, Gramsci a conheceu e com ela polemizou. Na Itália, estava sendo introduzida pela iniciativa de Gentile e Croce, com as reformas educacionais dos anos de 1920. Além disso, mesmo que Gramsci não faça uma menção explícita à *A escola ativa*, do suíço Adolphe Ferrière[7], grande defensor da escola nova, o referido livro faz parte de sua bibliografia do cárcere de Turi e, certamente, ele o deve ter lido ou consultado. Suas observações sobre a hegemonia e o consentimento ativo ou sobre a hegemonia, como uma relação pedagógica, permitem uma leitura crítica da ideia de "obediência ativa", que Ferrière sustentava[8].

---

ou indiretamente, contribuíram para a sua difusão. Contudo, no movimento internacional em favor da escola nova, que ganhou força principalmente no início do século XX, é possível identificar uma orientação comum aos diferentes programas em torno dessa proposta: o de "reorganizar a escola de modo a equipá-la para responder não só às pressões populares pelo acesso à instrução como também às demandas da indústria – que se encontrava num intenso processo de monopolização – para redefinir as qualificações intelectuais e técnicas do pessoal dirigente e dos trabalhadores engajados em funções instrumentais. A reforma da escola, contudo, implicaria conservar a sua estrutura seletiva e discriminadora" (SOARES, 2000, p. 207).

[7] Embora não seja mencionado nos escritos de Gramsci, o livro *L'école active*, do educador neoidealista Adolphe Ferrière, fazia parte de sua bibliografia no cárcere de Turi. FERRIÈRE, Adolphe. *L'école active*. 2 vol. Paris: Édition Forum, 1922 [FG, C. Carc., Turi II]

[8] Ferrière sustentava a ideia de que o Estado deveria educar os indivíduos para deles obter a "obediência ativa" e não "passiva". Para isso, propôs que a escola fosse democratizada e adotasse o método da "atividade", que consistia na sua organização como "comunidades de trabalho", uma espécie de sociedade republicana em miniatura, no estilo *self-government*, também defendido nos Estados Unidos por Dewey (Ver SOARES, 2000, p. 220-5).

A segunda questão relaciona-se ao contexto histórico e político no qual foi elaborado o programa da escola nova na Europa. As reflexões de Gramsci mostram que ele emergiu no contexto de reformulação do liberalismo e de reorganização do Estado capitalista, diante do fortalecimento do movimento dos trabalhadores, durante o século XIX. Ao conceber seu projeto de domínio político durante a Revolução Francesa, a burguesia ainda não conhecia sua nova adversária, a classe trabalhadora, mesmo porque essa ainda não se constituíra como tal, como classe. Na primeira metade do século XIX, nas lutas de 1815, 1830, 1848, a burguesia procurou reprimir os trabalhadores, impedindo-lhes de usufruir liberdades burguesas, tais como o direito de expressão política, de associação e de voto, culminando em formas autoritárias do poder político, como foi o bonapartismo, de 1851 a 1870. Sequer existia uma política consistente que levasse adiante o revolucionário ideal da educação para todos, construído no bojo de sua ascensão ao poder. Já a partir de meados do século XIX, especialmente depois da Comuna de Paris (1871), sentindo a pressão dos trabalhadores, por meio do fortalecimento de suas organizações, a burguesia reconheceu ser impossível destruí-los, tal como o fizera com a aristocracia feudal no final do século XVIII. Não podendo aniquilar a classe social da qual dependia a acumulação capitalista, a burguesia é obrigada a abrir a sociedade para o seu "inimigo". É quando formula um novo projeto de domínio político que, além da repressão, se funda também na busca de convencimento, para submeter as classes subalternas à sua direção intelectual e moral, à sua hegemonia. A partir de então, a sociedade civil começa a se tornar mais complexa, surgindo associações de diversos tipos, das quais os trabalhadores tomam parte e procuram fazer política. Dentre as conquistas mais importantes do período, estão o sufrágio universal e a obrigatoriedade, laicidade, gratuidade do ensino, que são institucionalizadas na maior parte dos países europeus, no final do século XIX. Só então, a universalização da escola pública e gratuita se torna um compromisso social e político do Estado.

A terceira questão diz respeito ao fato de que, tomando conhecimento do programa da escola ativa, como uma diretiva política e pedagógica emersa no final do século XIX, Gramsci diz de sua proposta para a escola unitária: é escola *ativa*. Por que ele diz isso, já que a atividade era uma noção que vinha da pedagogia burguesa e, na Itália, era introduzida pela iniciativa de Gentile e Croce, em relação à qual ele se pronunciou criticamente? A resposta para tal questão pode ser encontrada no fato de que Gramsci não via a proposta da escola nova de um ponto de vista maniqueísta, mas contraditória. O que o leva a vê-la assim?

A análise de Gramsci sobre o projeto de hegemonia da burguesia, delineado no final do século XIX, permite-lhe identificar que a retomada da filosofia idealista por Croce se expressava também numa articulação de tipo *transformista* no âmbito da sociedade civil e do Estado. Como conceito, o transformismo expressa um processo que envolve cooptações de intelectuais que representam forças sociais adversárias e, por meio do qual, os grupos dirigentes se apropriam de teses, reivindicações ou exigências provenientes do movimento social e procuram subordiná-las à sua hegemonia.

Gramsci considera que o "transformismo" é uma das formas históricas de "revolução-restauração" ou "revolução passiva". É um fenômeno que expressa a estratégia de grupos dominantes para "controlar", na teoria e na prática, a força de seus antagonistas no processo de mudança, sendo analisado pelo autor do ponto de vista lógico e histórico.

Do ponto de vista da lógica, Gramsci retoma as reflexões de Marx em *Miséria da filosofia*, pois considera que na crítica ali dirigida à mutilação do hegelianismo e da dialética, feita por Proudhon[9], na França, encontram-se os elementos-chave para examinar o mesmo tipo de mutilação feito por Gioberti[10], na Itália.

Na *Miséria da filosofia*[11], observa Gramsci, fica claro que o princípio não compreendido por Proudhon é o de que o membro da oposição dialética "deve procurar ser todo ele mesmo e lançar na luta todos os 'recursos' próprios, políticos e morais, e que só assim se obtém uma superação real" (GRAMSCI, 2001, p. 1767). Se a dialética da tese e da antítese, no movimento histórico de transformação, é um processo de conservação e inovação, no qual são mantidos elementos da tese, a conservação e outros são destruídos pela antítese, pela inovação; o seu resultado, a síntese, não pode ser previamente fixado ou controlado. Na dialética hegeliana, não é possível fixar de antemão, de modo especulativo, o que será mantido e o que será destruído na síntese dialética. O "transformismo", diz Gramsci, é uma mutilação da dialética e consiste "no fato de que, no processo dialético, se pressupõe 'mecanicamente' que a tese deva ser 'conservada' pela antítese para não destruir o próprio processo, que,

---

[9] Proudhon (1809-1865), defensor da doutrina anarquista que teve grande influência sobre a Itália, aceitou o golpe de Bonaparte e criticou os proponentes da unidade italiana. Em *Miséria da filosofia*, Marx chamou o seu método de "charlatanice científica e acomodação política" (Ver MARX, Karl. *Miséria da filosofia*. São Paulo: Grijalbo, 1976).

[10] Vicenzo Gioberti (1801-1852), padre, filósofo e homem político italiano, foi o principal teórico da proposta de unificação da Itália por meio de uma confederação de Estados italianos, presididos pelo papa. Depois de 1849, modificou seu programa político e aderiu ao programa unitário e liberal de Cavour. Este era o expoente dos Moderados, corrente que reunia os representantes da burguesia em desenvolvimento, sendo partidários da solução monárquica para o programa da unidade da Itália e da sua independência. O outro partido, o da Ação, tinha como expoentes Mazzini e Garibaldi e propunha uma solução republicana para a questão da unidade e independências italianas, representando um elemento mais nacional. O partido da Ação e os Moderados constituíram as duas maiores correntes políticas do Ressurgimento.

[11] MARX, Karl. *Miséria da filosofia*. São Paulo: Grijalbo, 1976.

portanto, é 'previsto', como uma repetição ao infinito, mecânica, arbitrariamente preestabelecida" (GRAMSCI, 2001, p. 1220-1). Querer estabelecer, *a priori*, o que será conservado da tese na síntese, esclarece o autor, é uma forma de irracionalismo e de arbitrariedade.

> Aquilo que será conservado no processo dialético não pode ser determinado *a priori*, mas resultará do próprio processo, terá um caráter de necessidade histórica e não de escolha arbitrária, por parte dos chamados cientistas e filósofos. E, entretanto, deve-se observar que a força inovadora, na medida em que ela própria não é um fato arbitrário, não pode ser senão já imanente ao passado, ela não pode ser senão, em certo sentido, o próprio passado, um elemento do passado, aquilo que do passado está vivo e em desenvolvimento, é ela própria conservação-inovação, contém em si mesma todo o passado, digno de desenvolver-se e perpetuar-se." (GRAMSCI, 2001, p. 1325-6)

O erro de pretender definir, por antecipação, o que resultará na síntese dialética decorre de um mecanismo através do qual a ideologia é alçada à condição de filosofia, ou seja, aquilo que é tão somente um elemento passional imediato é elevado à condição de metodologia, no cérebro de cientistas e filósofos que querem desconhecer o movimento histórico e manipular a dialética ao seu gosto.

> Na história real, a antítese tende a destruir a tese e a síntese será uma superação, mas sem que se possa *a priori* estabelecer o que será 'conservado' da tese na síntese, sem que se possa a priori 'medir' os golpes como num "ring", convencionalmente regulamentado. Que, depois, isso aconteça de fato é uma questão de "política" imediata porque, na história real, o processo dialético se esmiúça em momentos parciais incontáveis; *o erro é o de elevar a momento metodológico aquilo que é pura imediatidade, elevando, pois, a ideologia à condição de filosofia.* (GRAMSCI, 2001, p. 1221, grifo meu)

Do ponto de vista histórico, Gramsci mostra como a manipulação da dialética é aplicada, pela análise supostamente historicista de Croce, à Revolução Francesa. Para esse idealista, as exigências que na França encontraram uma expressão "jacobino-napoleônica", quando as massas populares atravessaram um período de experiências políticas como aquele vivido nos anos do jacobinismo, em 1831 e em 1848, deveriam ter sido evitadas. Aquelas exigências poderiam ter sido satisfeitas em pequenas doses, legalmente, reformisticamente, para salvar a posição política e econômica das velhas classes feudais e, assim, evitar a reforma agrária e, especialmente, a participação das massas populares na política (GRAMSCI, 2001, p. 1227). Para os historicistas "moderados", ou seja, aqueles que atuaram na restauração depois de 1815 e 1848, os jacobinos seriam "irracionais", a própria "anti-história", porque o que foi conservado não é exatamente o que os "moderados" gostariam que tivesse sido. Mas quem poderia provar, pergunta Gramsci, que os jacobinos seriam "irracionais", "anti-historicistas" ou arbitrários, como pensam os "moderados" historicistas? Além disso, as realizações dos jacobinos não foram destruídas nem por Napoleão I nem pela Restauração.

> Ou, talvez, o anti-historicismo dos jacobinos consista naquilo que não foi "conservado" em 100% de suas iniciativas, mas apenas um certo percentual? Não parece que isso seja plausível de sustentar-se porque a história não se reconstrói com cálculos matemáticos e, além disso, nenhuma força inovadora se realiza imediatamente, mas é sempre racionalidade e irracionalidade, arbítrio e necessidade, é "vida", isto é, com todas as fraquezas e forças da vida, com as suas contradições e as suas antíteses. (GRAMSCI, 2001, p. 1326)

Gramsci sintetiza sua crítica ao método de manipulação da dialética afirmando que ele significa uma forma de evitar a participação das massas populares no processo político e de controlar seu "subversivismo" esporádico. Uma parte das reivindicações populares, "exigências que vêm de baixo", é acolhida pelo grupo dominante com o objetivo de operar uma "revolução" que "restaure" seu poder. É uma "revolução-restauração", conceito de Edgard Quinet, historiador e político francês, que Gramsci compara ao que foi proposto pelo político e escritor italiano Vicenzo Cuoco, o de "revolução passiva", afirmando que talvez este último expresse o

> fato histórico da ausência de uma iniciativa popular unitária no desenvolvimento da história italiana e outro fato que o desenvolvimento verificou-se como reação das classes dominantes ao subversivismo esporádico, elementar, desorgânico das massas populares com "restaurações" que acolheram uma parte das exigências de baixo, assim "restaurações progressivas" ou "revoluções-restaurações" ou ainda "revolução passiva". (GRAMSCI, 2001, p. 1325)

Estudando o Ressurgimento italiano[12], Gramsci considera que toda a vida estatal italiana, depois de 1848, poderia ser caracterizada "pelo *transformismo*, isto é, pela elaboração de uma sempre mais ampla classe dirigente nos quadros fixados pelos moderados depois de 1848 e pela queda das utopias neoguelfas[13]

---

[12] Dá-se o nome de "Ressurgimento" ao conjunto dos movimentos liberais e nacionais italianos do século XIX, que conduziram à independência nacional, especialmente com as guerras do Piemonte contra a Áustria, que ocupava o norte do país, e à unificação política da Itália, ocorrida em 20 de setembro de 1870, com a ocupação de Roma.

[13] O termo *neoguelfo* tem origem na palavra "guelfo", usada na Idade Média para designar os partidários do papa. As utopias neoguelfas referem-se às correntes católicas liberais que propunham a unificação da Itália por meio de uma confederação de Estados italianos, presididos pelo papa e que tiveram uma função progressiva entre 1843 e 1848 (Cf. GRAMSCI, A. *El "Risorgimento"*. Buenos Aires: Granica, 1974, p. 69, nota 11).

e federalistas"[14] (GRAMSCI, 2001, p. 2011). Nesse sentido, considera que Croce, "para obter uma atividade reformista do alto", quer que a antítese seja atenuada e conciliada com a tese, constituindo uma nova legalidade, de um modo *transformista* (GRAMSCI, 2001, p. 1261). O interesse de Croce é o de conservar a forma liberal do Estado.

Contudo, no caso dos teóricos da *revolução passiva*, diz Gramsci, a suposta incompreensão teórica da dialética é outra questão: ela advém das exigências práticas da "tese" de "desenvolver-se a si mesma até o ponto de poder incorporar uma parte da própria antítese, para não se deixar 'superar', isto é, na realidade, na oposição dialética, apenas a tese desenvolve todas as suas possibilidades de luta, até granjear os chamados representantes da antítese: precisamente nisso consiste a 'revolução passiva' ou 'revolução-restauração'" (GRAMSCI, 2001, p. 1769).

O transformismo é uma das formas históricas da "revolução-restauração", ou da "revolução passiva", que se verifica no processo de formação do Estado moderno na Itália. Depois de situar o Ressurgimento como referência de um processo de "revolução passiva", Gramsci conclui: "Esse elemento, portanto, é a fase originária daquele fenômeno que, mais tarde, foi chamado de 'transformismo' e cuja importância não foi, em parte, até agora, devidamente esclarecida como forma de desenvolvimento histórico" (GRAMSCI, 2001, p. 1767).

Nas concepções de "transformismo", "revolução-restauração" e "revolução passiva", cujo erro metodológico é o de pretender fixar aprioristicamente o que será "conservado" da tese na síntese, a ideologia se funda sobre a forma e o método da luta:

> é uma ideologia que tende a enfraquecer a "antítese", a fragmentá-la em uma longa série de movimentos, isto é, a reduzir a dialética a um processo de evolução reformista "revolução-restauração", na qual apenas o segundo termo é válido, já que se trata de curar continuamente, do exterior, um organismo que não possui internamente os motivos próprios de saúde". (GRAMSCI, 2001, p. 1328)

Foi por meio de um processo "transformista" que as diferentes vertentes da proposta da escola ativa foram elaboradas[15], isto é, pela assimilação de reivindicações do movimento operário ao projeto educacional da burguesia,

---

[14] No Ressurgimento, as correntes federalistas propunham que a unidade e independência italianas fossem conquistadas por meio de uma federação de todos os Estados em que se dividia a Itália, tendo como principal expoente o economista e historiador Carlos Cattaneo (1801-1869) (Ver GRAMSCI, A. *El "Risorgimento"*. Buenos Aires: Granica, 1974, p. 97, nota 58).

[15] Ver concepções sobre a escola ativa em Soares, 2000, p. 192-275.

submetendo-as à sua hegemonia. Uma clara indicação nesse sentido é o debate sobre a escola do trabalho, no socialismo, e a sua apropriação pelo programa da escola nova, que inicialmente também se chamava "escola do trabalho" (Soares, 2000). O vínculo entre uma escola e trabalho representava, para os trabalhadores, uma estratégia para construir uma formação que unisse ciência e técnica, cultura e produção, rompendo também com a divisão entre escola uma voltada à elite e outra dirigida à força de trabalho. Nas propostas de escola do trabalho, surgidas no âmbito do socialismo, entretanto, prevaleceu uma tônica economicista que, de resto, penetrava as principais correntes teóricas do movimento socialista, cujas limitações teóricas foi tema importante da crítica de Gramsci. O trabalho, que em Marx recebe um tratamento teórico profundo e complexo, acaba sendo reduzido, do ponto de vista da escola socialista, ao trabalho industrial, à fábrica[16]. Teóricos da concepção liberal de escola, especialmente Ferrière, elaboraram a noção de *atividade* valendo-se da crítica àquela tônica economicista. Sua formulação se apoia no neoidealismo, tendência filosófica que se fortalece no final do século XIX, a partir de assimilações do historicismo marxiano, com o objetivo de revitalizar o decadente idealismo hegeliano (Cf. Soares, 2000). Quando Gramsci diz que a escola unitária é escola ativa, certamente ele procura se reapropriar, criticamente[17], de exigências vindas do movimento operário e que tinham sido "incorporadas" pelos grupos dominantes ao seu projeto escolar. A noção de atividade é uma delas; é a forma *transformista* mediante a qual o programa da escola nova incorporou reivindicações nascidas no campo da luta dos trabalhadores para democratizar a escola e superar, embora de forma limitada em virtude da forte tendência economicista do socialismo, o dualismo entre cultura e produção.

A proposta pedagógica de Gramsci, portanto, expressa sua análise do Estado, da sociedade e da política educacional de sua época. Sustenta a possibilidade de um programa cultural – a escola unitária – a ser desenvolvido dentro do próprio capitalismo. Parte da compreensão de que o programa da escola ativa (ou nova) é contraditório, uma vez que nele estão embutidas aspirações dos trabalhadores no campo escolar, as quais ele procura reapropriar-se criticamente,

---

[16] Ver concepções sobre a escola do trabalho em Soares, 2000, p. 275-326

[17] Ao mesmo tempo em que Gramsci sustenta que a escola unitária tem como princípio educativo o trabalho, ele também dirige críticas à profissionalização precoce das propostas educacionais soviéticas, discordando do Plano Dalton, como aparece claramente no Caderno 12 (Ver GRAMSCI, Antonio. *Quaderni del carcere*. Torino: Einaudi, 2001). Além disso, em momento algum, ele chama a sua própria perspectiva escolar de "escola única do trabalho", o que marca uma distinção de sua proposta com relação à tendência economicista predominante no movimento operário, tendência que se manifesta em outras propostas do movimento operário e que ele critica também em diversos outros momentos de sua obra do cárcere. [procurar informação no texto sobre os cadernos]

para renová-las, fortalecê-las e ampliá-las. Seu horizonte é a unidade, unidade essa que representa a superação das divisões entre governados e governantes, dirigentes e dirigidos. Não apresenta a proposta da escola unitária apenas para a classe trabalhadora, mas sim para todos, porque ele tem presente o conceito de hegemonia: uma escola para todos sob a hegemonia do proletariado.

Com base na contribuição teórica de Gramsci, interpreto a escola nova como um programa que, na Europa, procurou incorporar e submeter à hegemonia do grupo dominante, concepções que foram defendidas pelo movimento operário durante o século XIX e início do século XX, abrangendo debates na Comuna de Paris, nos Partidos Sociais Democratas e Socialistas, na Revolução Soviética. Essa é também a referência que tem me permitido examinar alguns aspectos da difusão do programa da escola nova no Brasil, levando em conta as suas especificidades no que tange aos conflitos sociais presentes nas três primeiras décadas do século XX, particularmente na transição dos anos de 1920 aos trinta.

As interpretações sobre a consolidação do capitalismo de base industrial no Brasil também constituem um campo de grandes discussões e controvérsias, com diferentes abordagens que, por sua vez, influenciam diversamente a pesquisa em educação. No escopo deste trabalho, dou a palavra àqueles estudiosos que buscam examinar o fortalecimento do capitalismo industrial no Brasil, adotando o conceito gramsciano de "revolução passiva". É o caso de Luiz Werneck Vianna[18], para quem essa noção é a mais apropriada para explicar a especificidade da transição do domínio das oligarquias agro-exportadoras para uma direção política voltada aos interesses da industrialização. Foi essa a referência com base na qual, há vinte anos (SOARES, 1982)[19], focalizei o surgimento do programa da escola nova, embora seja um conceito que praticamente não está presente na pesquisa da educação sobre aquele período.

Caracterizada como um tipo de modernização realizada sob um modelo reacionário que exclui a participação popular, a "revolução passiva" tem o objetivo de manter as condições que garantam o controle social das lideranças tradicionais. Um dos elementos presentes numa revolução de tipo "passiva" é a ausência de uma sociedade civil organizada. Nessa situação, como diz Gramsci, o Estado é forte, "é tudo", em contraponto a uma sociedade civil praticamente amorfa, ainda "gelatinosa".

No Brasil, a reorganização do poder estatal nos anos de 1930 expressou a debilidade política de ambas as frações da burguesia, a agrária e a industrial,

---

[18] VIANNA, Luiz Werneck. *Liberalismo e sindicato no Brasil*. Rio de Janeiro: Paz e Terra, 1976.

[19] SOARES, Rosemary Dore. *Formação de técnicos de nível superior no Brasil:* do engenheiro de operação ao tecnólogo. Tese apresentada ao Mestrado em Educação da Faculdade de Educação da Universidade Federal de Minas Gerais, Belo Horizonte, Minas Gerais, 1982, 342 p.

em elaborar um projeto de hegemonia. Se a fração agrária entrou em crise, a que nasceu ligada à indústria era incapaz de se apropriar diretamente do Estado e formular, com seus próprios meios, um projeto político que a tornasse hegemônica[20]. Em decorrência de sua fraqueza, a burguesia industrial não conseguiu assumir a direção política do País depois da ruptura política que se verificou em 1930, submetendo-se politicamente ao condicionamento da facção agrária. Esse é o cerne da análise de Vianna (1976), segundo o qual ambas as frações da burguesia se mostravam sem competência para organizar um pacto de dominação capaz de incluir as classes subalternas. Desse modo, o aprofundamento do processo industrial no Brasil realizou-se mediante mecanismos conservadores, isto é, uma modernização que excluiu a participação popular das decisões políticas sobre as transformações que passaram a ser introduzidas na sociedade.

Um dos aspectos que fica muito claro na historiografia sobre o contexto dos anos de 1920 aos trinta é que não houve, no processo de modernização do Brasil, um movimento histórico similar ao da Revolução Francesa, no qual a sociedade foi mobilizada de cima a baixo. A nossa via não foi jacobina. Foi, em outros termos, uma "revolução passiva", "revolução sem revolução", tão bem cunhada na metáfora do então governador de Minas Gerais, Antonio Carlos, ao dizer: "Façamos a revolução antes que o povo a faça". Quanto à questão da participação popular no referido período, ela se expressou de forma esporádica, desorganizada.

A ausência de hegemonia das frações da classe dominante exigiu, por outro lado, que o Estado se apoiasse em outra força ideológica, a Igreja Católica, para estabilizar a "questão social", que até 1930 era considerada um "caso de polícia". Esse foi o espírito de colaboração que permitiu reintroduzir o ensino religioso nas escolas estaduais primárias e secundárias, iniciativa que negava o princípio republicano e liberal da educação laica.

Enquanto as forças oligárquicas se articulavam à Igreja Católica, os pioneiros, por sua vez, apresentavam sua proposta em defesa da escola única, laica, pública, gratuita e gerida pelo Estado. Se tal proposta atendia, teoricamente, aos interesses da burguesia industrial, na prática golpeava em cheio o projeto católico. Por isso, a Igreja reagiu às ideias liberais do programa da "escola nova", atacando-as veementemente e assumindo uma atitude política ambígua, liberal e antiliberal. Liberal, ao defender a "liberdade de ensino" para as famílias escolherem um ensino religioso, sustentando que o Estado não interviesse na sociedade civil. Antiliberal, porque, não tendo compromissos com a ideologia liberal, passou a condenar o programa dos pioneiros.

---

[20] Essa é uma das importantes teses do trabalho de Vianna (1976) sobre a composição de forças sociais em 1930.

Não obstante os pioneiros advogassem a "democratização da escola", defendendo a "escola única", também foram favoráveis à introdução de testes psicológicos como instrumento para selecionar o que eles chamavam de "elites técnicas e culturais"[21]. Justificavam que tal seleção não tomava mais como base as "classes sociais", como ocorria na escola tradicional. Ao contrário, encontrava os seus fundamentos teóricos na biologia e em seus mais recentes desenvolvimentos. Consequentemente, os rumos de cada indivíduo no processo educativo, se depois da escola média seguia para a Universidade ou para o mercado de trabalho, dependeriam de suas respectivas condições biológicas e, portanto, "inatas". Assim, ao mesmo tempo em que adotam um discurso no qual defendem a democracia, dizendo buscar o fim da dualidade da escola, o fim da sociedade de classes[22], os Pioneiros acabam repropondo a dualidade antes existente, só que com uma nova roupagem. Como explicar o fenômeno da reproposição da dualidade escolar pelos "pioneiros", um programa pleno de contradições?

As contribuições teóricas de Gramsci nos permitem dizer que o programa da escola nova, no âmbito europeu, é contraditório porque "assimila" concepções advindas do movimento socialista, mas com o objetivo de submetê-las à hegemonia burguesa. É *progressista* porque defende a democratização da escola, é *conservador* porque repropõe o dualismo escolar e, assim, reforça o *status quo*. A dualidade expressa, como já sublinhei, a divisão entre governantes e governados, o processo de seleção existente na organização da escola.

No Brasil, o programa da escola nova adquire especificidades próprias, mas é, em suas grandes linhas, um programa "importado" dos Estados Unidos ou da Europa. Não tenho ainda elementos suficientes para dizer que também foram incorporadas à proposta dos pioneiros, a não ser por *mediações* internacionais, reivindicações "nacionais" do movimento operário brasileiro. Esse ainda apresentava debilidades que não se limitavam à sua incipiente organização, mas

---

[21] Como o próprio Fernando de Azevedo assinalava, a identificação das "elites" seria realizada com base "nas diferenças de aptidões dos alunos ou na necessidade de especialização", quando a "unidade do ensino encontraria os seus "limites" (Ver. AZEVEDO, F. de. A escola nova e a reforma. In: *Boletim de educação pública*. Rio de Janeiro, jan./mar. 1930, n. 1, ano 1, p. 12. *Apud*: GANDINI, R.C. *Tecnocracia, capitalismo e educação em Anísio Teixeira*. Rio de Janeiro, Civilização Brasileira, 1980, p. 97).

[22] É o caso das mudanças introduzidas por Anísio Teixeira, de 1932 a 1935, na organização escolar do Rio de Janeiro, ao ocupar a diretoria de Educação desse Estado, que seguiam a tendência de articulação do ensino técnico ao secundário. Criando as escolas técnico-secundárias, a reforma possibilitava aos alunos o trânsito entre os cursos técnicos e secundários, por meio da proposição de programas comuns e matérias de livre escolha. Mas sua proposta será anulada pelo Estado Novo (Ver *A transmissão da cultura*. São Paulo: Melhoramentos; Brasília, INL, 1976, p. 182).

também se expressava nas tendências então dominantes. De um lado, as teorias anarquistas que não produziam propostas em defesa da escola pública; de outro, a forte presença de correntes de pensamento economicistas no socialismo, que não apresentavam, como igualmente prioritária à luta política contra a fome e a miséria, a questão da educação pública e gratuita. É possível afirmar, entretanto, que o programa da escola nova traduzia, em terreno nacional, uma proposta de hegemonia ética e política, elaborada no quadro maior da luta de classes em âmbito internacional. Nascendo num ambiente em que se amplia a participação popular na sociedade civil, a escola nova foi um programa pensado para garantir a direção intelectual e moral da burguesia numa situação de democracia política. Mas a democratização da escola nunca significou a eliminação de medidas seletivas e baseadas em diferenças sociais. Representou, sim, o alargamento da base social de seleção de quadros intelectuais e instrumentais, mediante diferentes "filtragens" a serem realizadas no percurso escolar.

Não parece estranho, portanto, que o programa educacional da escola nova no Brasil, inspirando-se no movimento internacional, tenha sido acompanhado pela difusão de temas democráticos e elitistas. Ele trouxe em seus princípios de funcionamento um conceito de seleção muito mais refinado do que o da escola oligárquica: trata-se do método da *articulação* pela *desarticulação*. O princípio da *articulação* é apresentado quando os pioneiros propõem oferecer uma escola "única" para superar a dicotomia que criticavam na escola humanista, na qual diziam existir dois tipos de ensino: um para educar as "mãos" e outro para educar a "mente"[23]. Contudo, ao defenderem o uso de procedimentos da psicologia para identificar as "elites culturais" e o pessoal "técnico", eles reintroduzem a dualidade escolar, tão condenada por eles mesmos, promovendo a *desarticulação* entre a escola secundária e a profissional. As contradições do programa da escola nova, entretanto, não têm sido examinadas com profundidade pela pesquisa educacional brasileira e uma barreira para isso, a meu ver, relaciona-se à tese jacobino-bonapartista que foi expressa no conceito de passagem do "entusiasmo pela educação" ao "otimismo pedagógico"[24].

---

[23] Anísio Teixeira, por exemplo, acusava a educação vigente nos anos trinta de atuar como fator de "segregação social", em razão da dualidade estrutural que marcava a organização da escola média: a de tipo "popular e profissional" e a "acadêmica e de 'classe'". Para ele, essa divisão expressava a existência de um "ensino para a elite" e de outro "para o povo": o "ensino para a chamada 'classe dirigente' e o ensino para os dirigidos." Enquanto numa das escolas "se pretendia educar a mente", na outra se educava "as mãos" (TEIXEIRA, Anísio. *A educação e a crise brasileira*. São Paulo: Cia. Editora Nacional, 1956. [Coleção B.P.B., Atualidades Pedagógicas, série 3, v. 64], p. 65).

[24] A crítica ao modelo de análise jacobino-bonapartista, expresso pela passagem do "entusiasmo pela educação" ao "otimismo pedagógico", também se encontra no trabalho de HAMDAN, Juliana Cesário. *O perfil do docente do ensino técnico industrial no Brasil (1930-1945):* a formação pelo alto. Dissertação (Mestrado em Educação). Belo Horizonte, Faculdade de Educação, Universidade Federal de Minas Gerais, 2001.

Do "entusiasmo pela educação" ao "otimismo pedagógico": o modelo "jacobino-bonapartista"

No Brasil, a chave de leitura que veio a se tornar dominante na pesquisa educacional sobre o período que vai da primeira República aos anos de 1930 foi cunhada por Jorge Nagle (1974), na sua famosa tese sobre a passagem do "entusiasmo pela educação" ao "otimismo pedagógico". Os dois estados de ânimo a respeito da educação correspondem não apenas ao predomínio de concepções pedagógicas diferentes, mas também expressam determinada leitura da ampliação do capitalismo no Brasil e do ideário da escola nova.

Na introdução do seu livro, Nagle manifesta o desejo de que seu trabalho possa auxiliar pesquisas em educação e, mais do que isso, "influenciar a parte metodológica de futuras pesquisas" (NAGLE, 1974, p. 2). O seu desejo não somente foi realizado como certamente ultrapassou as suas expectativas. É o que confirma Miriam Jorge Warde, ao dizer que ele representou um "marco de passagem de gerações de pesquisadores em educação e ponto de virada de padrões de pesquisa educacional". Um ponto forte de sua obra para a pesquisa educacional refere-se às duas categorias que produziu para a análise da escola nova: o entusiasmo pela educação e o otimismo pedagógico (WARDE, 2001, contracapa)[25].

Ao formular as citadas categorias, Nagle esclarece que elas se referem à passagem do momento no qual é atribuída grande importância à educação, criando uma atmosfera favorável a um amplo programa de ação social em favor da escolarização para outro em que ele será convertido, por "educadores profissionais", num "restrito programa de formação, no qual a escolarização era concebida como a mais eficaz alavanca da História brasileira" (Ibidem). Quando surgem os "técnicos da educação", sublinha o autor, os problemas educacionais deixam de ser tratados por homens públicos, intelectuais e também por educadores para serem comprimidos num "domínio especializado".

Apresentando o quadro geral da sociedade brasileira no qual teriam surgido aquelas duas perspectivas educacionais, Nagle afirma que, então, a retomada do liberalismo se apresentava como "força desenclausuradora", definindo dois campos para a luta contra o *status quo*: representação e justiça. O objetivo era o de *"recompor o poder"* quebrando o cimento que unia as camadas superiores e dirigentes e fortalecia a política dos governadores. O autor vincula o retorno ao liberalismo a dois outros acontecimentos: a passagem da dominância econômica do sistema agrário-comercial para o urbano-industrial e a passagem de uma sociedade estamental para uma sociedade de classes. As transformações sociais e culturais, diz o autor, dão origem a dois padrões de

---
[25] NAGLE, Jorge. *Educação e sociedade na Primeira República*, 2. ed., Rio de Janeiro: DP&A, 2001.

pensamento. Um deles, o "entusiasmo pela educação", refere-se à crença de que, por meio da difusão da escolarização, "será possível incorporar grandes camadas da população na senda do progresso nacional e colocar o Brasil no caminho das grandes nações do mundo". Tem como principal bandeira a luta pela "desanalfabetização", aspecto que Nagle vê como positivo por ser em favor da civilização. Várias organizações, observa o autor, incluem em seus programas o tema da escolarização, até o final da década de 1920, quando os educadores e as organizações educacionais assumem a escolarização como elemento primordial para inserir o País "na senda do progresso" (Ibidem, p. 104). Da crítica ao mero combate ao analfabetismo, porque reduzido simplesmente ao aumento quantitativo de unidades escolares, desenvolve-se o "otimismo pedagógico", cujos padrões apresentados "modelam-se a partir do pressuposto de que a escola primária é capaz de *regenerar o homem brasileiro e, por esse caminho, regenerar a própria sociedade*" (Ibidem, p. 114, grifo meu). Se o "otimismo pedagógico" tem um caráter mais doutrinário e se manifesta com o escolanovismo (Ibidem, p. 99-100), a crença na escolarização, por diferentes vias, é comum a ambas as tendências.

Nagle acha que o escolanovismo, visto como um progresso nos quadros sociais então existentes, representou "um desvio aparatoso" no âmbito das ideias pedagógicas (Ibidem, p. 259). Depois do fortalecimento dessa tendência, a ênfase passa a ser dada ao interior da escola, superestimando aspectos técnicos da escolarização em detrimento do enfoque político que, até então, tivera a questão da educação popular. Ocorre, com isso, a *"gradual substituição da dimensão política pela dimensão técnica*, isto é, a substituição de um modelo mais amplo por outro mais restrito de percepção da problemática educacional" (Ibidem, p. 259). Assim, assegura o autor, o escolanovismo foi uma *"distorção técnica* que aparece na década dos vinte" (Ibidem, p. 260, grifo meu).

A abordagem de Nagle sobre o movimento social e político na Primeira República evidencia múltiplos aspectos dos conflitos sociais, mostrando até mesmo a coexistência do "entusiasmo" e do "otimismo" como tendências que passaram a colocar a educação no centro do debate social. Contudo, quando afirma que o "otimismo" se consolida com o movimento da escola nova e representa um "desvio aparatoso", uma "distorção técnica", lança as bases de uma interpretação negativa sobre a escola nova, que se constituirá na fonte primordial a orientar novas investigações sobre o tema.

Um aporte significativo nessa direção é dado pela pesquisa de Vanilda Paiva (1973)[26] sobre a educação popular. A autora adota em seu estudo as cate-

---

[26] PAIVA, Vanilda. *Educação popular e educação de adultos*: contribuição à história da educação brasileira. São Paulo: Edições Loyola, 1973, 368p.

gorias propostas por Nagle e afirma que, se ele criou originalmente o conceito de "entusiasmo pela educação", o de "otimismo pedagógico", por sua vez, foi emprestado de Karl Mannheim[27], dando-lhe "um significado distinto" daquele adotado pelo pensador alemão (PAIVA, 1973, p. 16). Além dessas categorias, a autora julga oportuno ao seu estudo acrescentar outra, que chamou de "realismo em educação", mas que não alcançou o sucesso daquelas formuladas por Nagle.

Paiva enriquece e amplia o tratamento teórico das duas categorias de Nagle, dizendo que o "entusiasmo" representou tanto interesses do capitalismo em difundir a educação popular, por causa de exigências da Revolução Industrial ou como instrumento de ascensão social, como também dos socialistas, para "facilitar a consciência das massas e a disputa do poder político" (Idem, p. 26). No Brasil, essa tendência adquire forma mais definida na segunda década do século XX, com as campanhas contra o analfabetismo, desenvolvidas por políticos e outros interessados em problemas educacionais. Aparece na década dos 1910, quando o industrialismo ganhou firmeza, ligando-se ao "problema da ampliação das bases eleitorais"[28], mediante a expansão de oportunidades de instrução elementar para as massas[29].

Com a Primeira Guerra Mundial, acrescenta Paiva, o grupo industrial-urbano é incentivado a diversificar a produção industrial, estimulando-a a se expandir, orientação que entrava em conflito com a das tradicionais oligarquias. A dissensão entre ambos os grupos econômicos é ampliada, acirrando-se a luta pela hegemonia política. Para explicar esse processo, a autora se reporta ao conceito, já introduzido por Nagle, de "recomposição do poder político"

---

[27] Paiva se refere, provavelmente, à tese de livre docência de Nagle, já que no livro desse autor não há menção ao pensador alemão. A autora, porém, não aborda as diferenças entre os conceitos de Nagle e o de Mannheim sobre o "otimismo". Consultando o ensaio "La democratización de la cultura", pude identificar que Mannheim estuda a cultura como condição para a democracia e contrapõe duas concepções sobre a educação: o "otimismo" e o "pessimismo" pedagógicos. Considera o "otimismo" uma tendência tipicamente democrática, porque supõe uma crença na plasticidade do homem e atribui as diferenças entre os indivíduos não à sua essência, mas a circunstâncias que lhes são exteriores. Já o "pessimismo", é visto por Mannheim como uma concepção aristocrática, segundo a qual as diferenças entre os indivíduos se devem a fatores internos, estabelecidos por herança, criando limites insuperáveis para o homem. O "pessimismo pedagógico" é, para ele, um pretexto para fechar os olhos à urgência dos problemas em educação (MANNHEIM, Karl. *Ensayos de la sociologia de la cultura*, Madrid: Aguillar, 1957).

[28] A Constituição de 1824 estabeleceu eleições indiretas, tomando a renda como base eleitoral, sem impor limites ao problema da instrução. A Constituição Republicana de 1891 eliminou a seleção pela renda, mas excluiu o voto dos analfabetos (PAIVA, 1973, p. 82-3).

[29] Aqui a autora introduz o tema da eleição, que mais tarde vai ser explorado no estudo de Saviani sobre a escola nova (SAVIANI, Dermeval. Tendências e correntes da educação brasileira. In: MENDES, Durmeval Trigueiro (Org.). *Filosofia da educação*, Rio de Janeiro, Civilização Brasileira, 1983 e SAVIANI, Dermeval. *Escola e democracia*. Teorias da educação, curvatura da vara, onze teses sobre educação e política. São Paulo: Autores Associados, 1985).

do grupo contrário à política dos governadores (Ibidem, p. 95). Enriquecendo a ideia, a autora afirma que o grupo urbano-industrial utiliza o nacionalismo como instrumento para recompor o seu poder, desencadeando campanhas em favor da difusão da universalização do ensino para as massas populares, uma vez que via a educação como "instrumento favorável para a ampliação de suas bases eleitorais" (Idem, p. 95). Embora seja uma iniciativa de um grupo das camadas dominantes, observa Paiva, "deixa ver também a presença de novas forças sociais, pois a industrialização provocara o crescimento do proletariado urbano e a ampliação dos setores médios" (Idem, p. 95-6). Mesmo que os setores de esquerda não anarquistas tenham abraçado algumas reivindicações educacionais, foi o grupo industrial quem defendeu a "difusão imediata do ensino", dentro de sua luta pela *hegemonia política*. "A difusão do ensino era, assim, o instrumento pelo qual seria possível combater a 'aristocracia' agrária, detentora da hegemonia política no país" (Idem, p. 97). Contudo, na interpretação da autora, a luta pela hegemonia política por meio da educação era muito "problemática e demandava muito tempo", sendo abandonada pelos políticos, que se voltam para os campos econômico, político ou militar (Idem, p. 98). A partir daí, são os *diletantes* que abraçam o "entusiasmo pela educação", reivindicando a universalização do ensino elementar, numa perspectiva humanitarista (Idem, p. 99).

O arrefecimento do "entusiasmo pela educação" se dá com o final da Primeira Guerra Mundial e em função do aparecimento dos "profissionais da educação", que criticam o simples aumento quantitativo da instrução popular, constituindo o "otimismo pedagógico". É uma tendência que se fortalece com o movimento pela escola nova e se preocupa com a qualidade do sistema educacional, seu bom funcionamento, sua modernização e não com a questão do número de votantes e a sua instrução. Sendo uma perspectiva técnica, seus defensores pretendem-se "neutros", destaca a autora, e comprometem-se com a ordem estabelecida, seja ela qual for, já que o pensamento pedagógico é desvinculado da reflexão sobre a vida social e política (Idem, p. 106). "*Não lhes interessa* se a educação é também uma área na qual se travam – ou se podem travar – *lutas pela hegemonia política*, se através dela aumenta o número de eleitores na cidade ou no campo e a quem tais votos beneficiarão" (Idem, p. 103, grifo meu). De acordo com Paiva, as reformas realizadas pelos "profissionais da educação" enfraquecem a tendência quantitativa, propiciada pelo grupo industrial-urbano (Idem, 105).

Afirmando concordar com a interpretação de Nagle sobre a mudança de ideais educativos no final da década dos dez, Paiva procura reforçá-la ao sustentar que o "otimismo" operou uma inversão no entendimento do fenômeno educacional: os problemas de cunho político e social foram reduzidos a questões de ordem técnica e pedagógica, tendência esta que se tornou o pensamento educacional hegemônico. Tal inversão, segundo a autora, expressou a *"passagem do 'entusiasmo pela educação',* função de objetivos políticos, para o *'otimismo pedagógico'*, que ressaltava a eficaz preparação do homem para as tarefas sociais, e esta passagem parece ter sido um dos fatores que maior influência exerceu no pensamento pedagógico brasileiro e na formação dos futuros profissionais da educação" (Idem, p. 107, grifo meu)[30].

A autora tem dúvidas se insere Anísio Teixeira no grupo dos "otimistas" porque ele foge ao "tecnicismo" ao levar em conta os nexos entre educação e democracia (Ibidem, p. 32). Não lhe importa se o educador tenha, em determinado momento, contribuído para o "otimismo pedagógico". O importante, anota Paiva, é que ele assumiu um compromisso com ideais democráticos e liberais e, por isso, defendeu o industrialismo e a modernização, mas não compactuou com o Estado Novo (Ibidem, p. 41). Assim, acha melhor enquadrá-lo na categoria "realismo em educação". É uma abordagem que sintetiza as duas categorias de Nagle, já que abrange preocupações quantitativas e qualitativas com a educação, problemas externos e internos ao sistema educacional, abrigando tanto conservadores como revolucionários (Ibidem, p. 31). A autora também considera que os educadores marxistas dos anos de 1920 estavam envolvidos com o movimento renovador e, por isso, preocupados com a questão da qualidade do ensino. Todavia, estavam *"imunizados contra o 'otimismo pedagógico'* pela própria natureza de sua principal preocupação: aquela relativa à transformação social" (Ibidem, p. 33, grifo meu).

Mas é Dermeval Saviani (1985) quem vai dar às categorias formuladas por Nagle uma difusão sem precedentes na literatura educacional brasileira. Nesse sentido, ele segue muito de perto algumas direções já iniciadas por Paiva, tal como a tese de que a passagem do "entusiasmo pela educação" ao "otimismo pedagógico" expressou a *"recomposição* do poder político" do grupo urbano-industrial, aproximando a escola da ideologia dos "detentores do poder político". Também se inspira na análise de Paiva sobre a questão do voto, como ampliação das bases eleitorais da burguesia industrial, o que tem início na década de 1910, embora desenvolva seus estudos sobre eleições de um modo muito particular.

---

[30] A tese sustentada por Vanilda Paiva é a de que "quanto mais ênfase era colocada sobre o estudo das instituições escolares em si mesmas ou nos métodos empregados na educação, ou seja, sobre os fatores internos ao processo educacional, menor a consideração dos problemas colocados pela inserção do sistema educacional numa sociedade determinada e sua vinculação aos ideais propostos pelos grupos dominantes em geral e pelos detentores da hegemonia política, em particular, por meio de uma política da educação (implícita ou explicita, formulada por meio da ação ou mesmo da omissão)" (PAIVA, 1973, p. 107).

Saviani publica *Escola e democracia* em 1983 (dez anos após a edição do livro de Vanilda Paiva), explicando que a origem dos problemas da qualidade da educação brasileira está no movimento da escola nova, constituído na passagem do "entusiasmo pela educação" ao "otimismo pedagógico"[31]. Segundo Zaia Brandão e Ana Mendonça[32] (1997, p. 187), *Escola e democracia* foi "um dos maiores sucessos editoriais de uma obra não didática, na área de educação no Brasil". Embora as autoras mencionem apenas uma obra que consideram "não didática", as mesmas teses ali sustentadas por Saviani também se encontram em dois outros artigos seus. Um deles, "Educação brasileira contemporânea: obstáculos, impasses, superação"[33], foi publicado em 1980, como reprodução de uma conferência na Paraíba, de 1979. Mas o outro, "Tendências e correntes da educação brasileira"[34], foi publicado em *Filosofia da Educação*, coletânea organizada por Durmeval Trigueiro Mendes, em 1983, podendo ser considerado, este sim, um texto de caráter didático, no campo da Filosofia da Educação.

Zaia Brandão e Ana Mendonça examinam em *Escola e democracia* a crítica de Saviani à escola nova e à ideologia liberal porque querem entender as razões pelas quais Anísio Teixeira foi relegado ao esquecimento na educação brasileira. Consideram que a lógica interna do trabalho de Saviani é impecável, de fácil leitura, e muito simples, embora o preço de tal simplicidade (ou simplismo?) tenha sido "uma análise que não contemplou devidamente as contradições internas e externas do Movimento da Escola Nova no Brasil". Além desse limite, as autoras acrescentam uma interessante observação do ponto de vista metodológico aqui privilegiado, embora não a levem adiante: a de que, no estudo de Saviani, há "um certo viés marxista utilizado comumente na análise da Revolução Francesa, segundo o qual a burguesia vitoriosa teria acionado, uma vez no poder, mecanismos culturais e políticos visando à imposição dos seus valores de classe ao conjunto da sociedade em nome da democracia" (Idem, p. 188). Saviani teria transposto diretamente essa análise para o plano da educação e, assim, "denuncia o surgimento da Escola

---

[31] SAVIANI, Dermeval. *Escola e democracia*. Teorias da educação, curvatura da vara, onze teses sobre educação e política. São Paulo: Autores Associados, 1985.

[32] BRANDÃO, Zaia e MENDONÇA, Ana Waleska. Por que não lemos Anísio Teixeira? In: MENDONÇA, Ana Waleska & BRANDÃO, Zaia (Orgs.). *Por que não lemos Anísio Teixeira?* Uma tradição esquecida. Rio de Janeiro: Ravil, 1997, p. 183-193.

[33] SAVIANI, Dermeval. Educação brasileira contemporânea: obstáculos, impasses, superação. In: *Educação*: do senso comum à consciência filosófica. São Paulo: Cortez – Autores Associados, 1983, p. 161-187 (reprodução de uma palestra realizada em 1979, na Universidade Federal da Paraíba).

[34] SAVIANI, Dermeval. Tendências e correntes da educação brasileira. *In*: MENDES, Durmeval Trigueiro (org.). *Filosofia da educação*, Rio de Janeiro, Civilização Brasileira, 1983.

Nova, alhures e no Brasil, como estratégia de recomposição da hegemonia burguesa, ameaçada pela universalização da escola e pela organização do movimento operário" (Ibidem).

Se a hipótese das autoras é a de que a relação entre escola nova e recomposição da hegemonia burguesa contribuiu para afastar as novas gerações do estudo dos educadores formados numa tradição liberal, gostaria de ressaltar que a análise de Saviani vem da leitura feita por Nagle e reforçada por Paiva. O passo novo dado por Saviani é o de que sua interpretação da escola nova é realizada também com o intento de formular uma política pública para o País, consubstanciada na sua "pedagogia revolucionária", então representada pela metáfora leniniana da envergadura da vara (SAVIANI, 1985, p. 62). Libâneo (1985) a difundiu amplamente com o nome de "pedagogia crítico social dos conteúdos" e Saviani (1992) corrigiu a expressão para "pedagogia histórico-crítica".[35]

Zaia Brandão e Ana Mendonça dizem que a interpretação de Saviani sobre a escola nova se apoia em "referências marxistas de inspiração gramsciana". Todavia, a meu ver, trata-se de uma leitura muito particular que as duas autoras fazem do aporte de Gramsci, não levando em conta suas reflexões sobre os caminhos da Revolução Francesa depois de 1870, nem sobre a relação entre Estado e sociedade civil a partir de então. Elas também não consideram que a análise de Saviani se insere numa perspectiva iniciada por Nagle e enriquecida por Paiva, cujos estudos não se inspiram no referencial gramsciano. De fato, como dizem as referidas autoras, há no trabalho de Saviani uma transposição para a realidade brasileira do modelo revolucionário francês, iniciado em 1789. No entanto, na sua lógica "impecável", esse movimento se encerra em 1851, com o golpe de Napoleão Bonaparte, não alcançando os acontecimentos posteriores à Comuna de Paris, de feitio mais democrático. Nem mesmo em suas reflexões sobre o movimento europeu da escola nova, Saviani adota o referencial de Gramsci para examinar as relações de força no chamado Estado ampliado[36]. O seu modelo de interpretação, que estou chamando de jacobino-bonapartista, é o que foi aplicado ao Brasil, para examinar as três primeiras décadas do século XX e explicar a passagem do "entusiasmo" ao "otimismo".

Saviani segue a linha de raciocínio de Nagle ao assinalar que o "entusiasmo" correspondeu ao período que vai dos anos de 1910 aos vinte, quando o enfoque sobre a educação era mais político. Mas, ao tratar dos movimentos de defesa da escola pública à época do "entusiasmo", faz enriquecimentos que,

---

[35] SAVIANI, Dermeval. Pedagogia histórico-crítica: primeiras aproximações. São Paulo: Cortez: Autores Associados, 1992 (Coleção polêmicas de nosso tempo, vol. 40).

[36] Sobre a análise de Saviani a respeito da escola nova, consultar SOARES, Rosemary. *Gramsci, o Estado e a escola*, Ijuí, Unijuí, 2000.

assimilando indicações feitas por Paiva sobre as eleições, vão dando o toque jacobino-bonapartista à sua interpretação. Em *Escola e democracia*, afirma que aquele citado período da história brasileira foi rico "em movimentos populares que reivindicavam uma participação maior na sociedade, e faziam reivindicações também do ponto de vista escolar" (Saviani, 1985, p. 55). Com a crise de hegemonia das oligarquias, aguçada pelos movimentos dos trabalhadores, vem o escolanovismo e, com ele, o refluxo da preocupação política com a escola.

Se Nagle havia falado do uso da escolarização como um instrumento político para inserir o país na "senda do progresso" capitalista, fazendo parte dos programas das organizações existentes nos anos de 1920, Saviani traz para o exame do período os mesmos critérios que adota para mostrar os ideais revolucionários franceses do século XVIII que, na sua interpretação, deram origem à escola tradicional, como a bandeira de luta da "escola para todos".[37]

Para explicar a passagem do "entusiasmo" ao "otimismo", o autor cria uma situação política que não encontra paralelo no Brasil dos anos vinte e nem mesmo na França de 1848[38], pois nem o sufrágio universal havia sido ampla-

---

[37] Aplicando o modelo jacobino à leitura do "entusiasmo pela educação" dos anos vinte, no Brasil, diz Saviani: "Quando a burguesia acenava com a escola para todos (é por isso que é um instrumento de hegemonia), ela estava num período capaz de expressar os seus interesses abarcando também os interesses das demais classes. Nesse sentido, advogar a escola para todos correspondia ao interesse da burguesia, porque era importante uma ordem democrática consolidada e correspondia também ao interesse do operariado, do proletariado, porque para eles era importante participar do processo político, participar das decisões" (SAVIANI, 1985, p. 56).

[38] Refiro-me à França de 1848 porque o autor diz que as supostas eleições teriam se realizado quando as massas populares estavam instruídas pela escola elementar, o que nem de longe poderia ser pensado para a primeira metade do século XIX. Embora em 1848 os trabalhadores ainda não tivessem amplo acesso à escola na França, pois nem existia a obrigatoriedade do ensino elementar, é um período mencionado por Saviani quando fala, genericamente, da "metade do século XIX" (SAVIANI, 1983, p. 28). De acordo com Pétitat, somente a partir da década de oitenta do século XIX, no caso da França, consolidou-se a instrução popular. É o que mostra o autor ao dizer: "Conhecemos bem a época tão marcante da escola elementar pública na França, com as tentativas sem futuro do período revolucionário, a negligência do Primeiro Império e da Restauração, as importantes realizações da Monarquia de Julho (Lei Guizot), as esperanças colocadas sobre a Segunda República, logo esmagadas pela retrógrada lei Falloux e pelos esforços do clero, a nova arrancada sob o Império liberal, logo seguida pela política clerical da Ordem moral, e, por fim, as grandes leis de J. Ferry, tornando o ensino gratuito e impondo-lhe a obrigatoriedade e o caráter leigo. Entre 1830 e 1882, a progressão no número de alunos do primário público e particular parece ser constante. As intervenções legislativas não exercem efeitos significativos. A ação do Estado aplica-se mais a canalizar um fenômeno já existente do que a promovê-lo. A notória ausência do Estado na escolarização das meninas não as impede de seguir de perto os meninos e de alcançá-los em seguida, mas nas escolas mantidas por congregações, em pelo menos três quartas partes. A lei Falloux, que libera totalmente a iniciativa religiosa, não referia a escolarização. Em 1881 e 1882, o ensino gratuito e obrigatório vem, antes de mais nada, sancionar e completar essa evolução. Dentro da situação francesa, com a coligação entre a Igreja católica, os partidários da monarquia e

mente conquistado nem a escola pública e gratuita havia sido universalizada. Saviani se refere a uma eleição, realizada quando as massas já estão instruídas pela escola tradicional e votam contra os interesses dominantes, fazendo aflorar contradições de classe ainda submersas. Reagindo ao voto popular que evidenciava a eficácia política da instrução – supostamente quantitativa, porque trata do "entusiasmo pela educação" – as elites decidem reformar a escola. Surge, então, a escola nova que "tornou possível o aprimoramento do ensino destinado às elites e o rebaixamento do nível de ensino destinado às camadas populares"[39] (SAVIANI, 1985, p. 57). Assim, conclui o autor, a hegemonia burguesa é recomposta.

A eleição à qual se refere Saviani não se realizou no Brasil nos anos de 1920 e nem na França em meados do século XIX, já que em ambos os países não havia o sufrágio universal e muito menos uma instrução elementar universalizada. Onde teria sido? A resposta aparece em "Tendências e correntes da educação brasileira" (que pode ser considerado um texto didático): ela ocorreu na Argentina, entre os anos dez e os vinte.

Se, em *Escola e democracia*, Saviani recorre àquela eleição para explicar o surgimento da escola nova no Brasil, em "Tendências e correntes da educação brasileira" ele a utiliza para explicar um movimento da escola nova que não tem um terreno social e histórico específico. O autor descreve um abstrato processo de ascensão social da burguesia e de sua consolidação no poder, seguindo a trajetória da Revolução Francesa até o bonapartismo. Seu objetivo é o de apresentar a "sucessão de etapas" de políticas educativas, correspondentes à sucessão de etapas de construção e recomposição da hegemonia burguesa, que não significa a superação de cada uma delas, mas todas coexistem simultaneamente no sistema escolar. Tanto é assim que a escola convencional constitui o padrão dominante em amplas redes de escolas oficiais, ao passo que a escola nova é uma exceção destinada a escolas de elite.

A primeira etapa corresponde à "escola redentora da humanidade", que é a escola convencional e aparece com o surgimento do liberalismo, propondo

---

os republicanos conservadores, com as lutas intermináveis entre leitos e congregacionistas, para o Estado atuar como acelerador ativo eficaz da escolarização primária, ele só poderia ser republicano. Mas a Primeira República não tinha os meios materiais necessários à sua política, a segunda foi abafada pelo refluxo conservador, enquanto que os grandes princípios adotados pela terceira chegam no momento em que a maior parte das novas gerações já frequenta a escola primária" (Pétitat, André. *Produção da escola, produção da sociedade*: análise sócio-histórica de alguns momentos decisivos da evolução escolar no Ocidente. Porto Alegre: Artes Médicas, 1994, p. 153. Observar, no texto do autor, que todos os dados por ele apresentados para mostrar a expansão da escola primária na Europa se referem ao final do século XIX, embora ele se refira ao século XIX em geral (Cf. p. 151).

[39] Se as "camadas populares" tinham um atendimento educacional meramente quantitativo, por que teria sido "rebaixado" o seu ensino?

converter os "súditos em cidadãos"⁴⁰ (SAVIANI, 1983, p. 30). É uma concepção, diz o autor, que entende a escola como "um meio de se implantar a democracia efetiva", expressando interesses de dominantes e dominados, deixando "evidente o caráter hegemônico da burguesia" (Ibidem p. 29). Contudo, ao ser efetivada a instrução pública, tornando o povo alfabetizado, emergiu o confronto inconciliável entre a burguesia e o povo, levando a burguesia a considerar que a escola convencional havia fracassado, justamente pela sua eficácia educativa. "Desencadeia-se, então, o movimento da escola nova"⁴¹, o qual perde força depois da Segunda Guerra Mundial, quando surge uma nova concepção pedagógica, a terceira, voltada ao "aproveitamento das conquistas tecnológicas no processo educativo" (SAVIANI, 1983, p. 29).

A impecável lógica de Saviani é constituída, assim, de três momentos do poder político e cultural da burguesia: a hegemonia, a crise de hegemonia, a recomposição da hegemonia. A hegemonia é articulada em meados do século XVIII, com o liberalismo. Já a crise de hegemonia, como ela se configura? É para explicá-la que Saviani vai buscar elementos teóricos nas eleições ocorridas no início do século XX na Argentina, dando conteúdo ao que chama de fracasso da escola convencional em realizar a "redenção" do povo. A crise de hegemonia surge porque o povo instruído vota em candidatos que não eram do gosto dos dominantes, embora fossem, dentre os piores, os melhores para o povo alfabetizado. A burguesia se sente ameaçada "pela crescente participação política das massas, viabilizada pela alfabetização através da escola universal e gratuita", e busca "recompor" a sua hegemonia com a escola nova. Esta, por sua vez, desloca "o eixo de preocupações do âmbito político ... para o âmbito técnico-pedagógico" (SAVIANI, 1983, p. 31-2).

Esse é o quadro teórico, afirma o autor, que orienta sua análise sobre as tendências educacionais no Brasil. No que diz respeito ao "entusiasmo", Saviani diz que, desencadeado na década de 1920, traduziu, "*em termos brasileiros*, a fase da 'escola redentora da humanidade'", no contexto de retomada das ideias liberais, quando foi defendida a universalização da escola (Ibidem, p. 34, grifo meu). Observa ainda que, no período, "nota-se, já com certo vigor, a presença da tendência dialética que inspira e orienta um conjunto razoável de correntes, movimentos, organizações, periódicos que decididamente buscam expressar os interesses das camadas dominadas" (Ibidem, p. 35). Mas, a partir de 1930, o "entusiasmo" é suplantado pelo "otimismo", com o advento da escola

---

⁴⁰ Saviani afirma que sua explicação apoia-se em estudos de Luis Jorge Zanotti, *Etapas históricas de la política educativa*, Buenos Aires: Eudeba, 1972.

⁴¹ Da "preocupação em articular a escola à participação política e democrática, passou-se para o plano técnico-pedagógico". O autor parte da seguinte constatação: a hegemonia "escola nova" vem contribuindo para deteriorar a qualidade do ensino oferecido às camadas populares.

nova, que desmobiliza as forças populares e se constitui em "instrumento de hegemonia da classe dominante" (Ibidem).

Na explicação de Saviani, a passagem do "entusiasmo" ao "otimismo", seja numa abstrata situação de produção e recomposição da hegemonia burguesa, na qual assumem destaque as eleições na Argentina, seja no Brasil, descreve um percurso que se aproximaria do movimento que vai da Revolução Francesa ao golpe de Bonaparte, na Europa. A escola nova, nesse quadro interpretativo, aparece num contexto de tipo bonapartista e não, como mostram as reflexões de Gramsci, no do Estado ampliado, quando se expandem as organizações da sociedade civil e a burguesia assimila ao seu projeto de domínio político reivindicações do movimento socialista, submetendo-as à sua hegemonia por meio de um "transformismo". A interpretação de Saviani, dando continuidade à chave de leitura adotada por Nagle e Paiva, explica a escola nova como algo negativo, expressão do achatamento das aspirações populares, e não como um programa contraditório, com elementos conservadores e progressistas.

Clarice Nunes (1997)[42] se pergunta por que há, na historiografia da educação, um "corte de qualquer relação significativa entre Escola Nova e democratização da educação" e desemboca nas categorias de Nagle sobre o "entusiasmo" e o "otimismo". Considera que esse critério interpretativo gerou "a tecnificação do campo educacional" e teve como consequência "a estereotipagem do papel da burguesia e o fechamento da discussão sobre a atuação dos educadores profissionais", isto é, dos pioneiros. Afirma que aquela tese de Nagle, sendo "reposta e endossada a partir do *aporte gramsciano*, levou outros autores, como Dermeval Saviani, a defender a tese de que a Escola Nova serviu como mecanismo de recomposição da hegemonia da classe dominante". Do meu ponto de vista, porém, não foi a reflexão de Gramsci que fundamentou a interpretação de Saviani sobre a escola nova", pois, como expliquei, o socialista italiano vê contradições na escola nova (na escola ativa italiana) e delas se reapropria no seu projeto de escola unitária. Assim, não seria o "aporte gramsciano" que teria contribuído para uma interpretação negativa da escola nova, como pensa Nunes.

É certo, contudo, que a interpretação de Saviani segundo a qual a "escola nova" é um programa conservador foi difundida como se fosse resultado de uma "leitura gramsciana" da educação e motivou outros educadores a adotá-la em suas pesquisas. Um de seus mais esmerados seguidores foi Paulo Ghiraldelli, que chegou a publicar o artigo "O 'entusiasmo pela educação' e o 'otimismo

---

[42] NUNES, Clarice. História da educação brasileira: novas abordagens de velhos objetos? *Teoria e Realidade*, n. 6, 1992, p. 151-182. Fonte: http://www.prossiga.br/anisioteixeira/artigos/historia.html

pedagógico' numa perspectiva dialética"⁴³. Não obstante seja pouco relevante do ponto de vista teórico, o artigo mostra o empenho do autor em compor um discurso que viesse a reforçar os argumentos de Saviani sobre a escola nova. Nele, Ghiraldelli trata aquelas duas categorias como "clássicas", como se fossem "estados de espírito" a dominar o panorama ideológico e cultural da Primeira República. Retomando-as a partir de Nagle, reafirma que o "entusiasmo" representou a luta contra o analfabetismo e o "otimismo" trouxe a preocupação com a qualidade do ensino (GHIRALDELLI, 1985, p. 5). Fala também de uma "oposição" entre entusiasmo e otimismo, reportando-se a trechos da obra de Saviani *Escola e democracia* (1983) para explicar o deslocamento que historicamente teria se verificado entre aquelas tendências.

Ghiraldelli entende que o "entusiasmo" serviu a "certos setores da elite" – que não são especificados – para implantar uma nova ordem: "a ideia era a de alfabetizar o homem brasileiro para que ele pudesse votar, para que ele adquirisse direito à cidadania" e, pasmem, "para transformar o antigo súdito em cidadão"! (GHIRALDELLI, 1985, p. 6). Não explicitando quais foram as mudanças nas relações de poder, ocorridas no final da Primeira República, dirá que a então classe dominante, "acossada pelas organizações operárias, impõe limites ao processo de expansão do ensino" (Ibidem, p. 6). Abandonada a proposta de dar "escolarização a todos", começa a difusão do ideário escolanovista.

O autor não recorre às eleições argentinas para explicar a "recomposição da hegemonia" burguesa. Busca enriquecer a participação do movimento operário, nos anos vinte, mostrando a posição por ele assumida numa publicação da "Liga cearense contra o analfabetismo", na qual é criticada a difusão da instrução, dizendo que, por trás da ignorância, estava a fome. É um documento de 1919, que fala da imundície dos centros de produção, mas não faz a defesa da escola pública. Na opinião do autor, o documento mostra que, para os trabalhadores, "longe da educação resolver os problemas da sociedade, ela deveria servir-lhes de instrumento na luta de classes" (Ibidem, p. 7). De que modo? Qual a base teórica dessa afirmação? Ali, no artigo citado, não há respostas para essas questões.

Para dar fundamento à tese de Saviani sobre o surgimento da escola nova, Ghiraldelli atribui aos "republicanos históricos" uma atuação similar à da revolucionária burguesia francesa no seu período de ascensão revolucionária. Na opinião do autor, os "republicanos históricos estiveram em condições de traduzir os interesses comuns de toda a sociedade", visto que "ofereciam uma escola laica, obrigatória e gratuita, o que interessava às camadas populares"

---

⁴³ GHIRALDELLI JÚNIOR, P. O "entusiasmo pela educação" e o "otimismo pedagógico" numa perspectiva dialética. São Paulo, *Ande*, ano 5, n. 9, 1985, p. 5-7.

(Ibidem, p. 7). Com a consolidação da República, os "setores dominados" passaram a explicitar seus interesses, o que seria um resultado já da expansão da escola, que também colaborara para a "organização do operariado". Quando "os conflitos vieram à tona, os setores dominantes trataram de modificar o discurso em relação à educação"... e vem o escolanovismo. Assim, Ghiraldelli reapresenta a tese jacobino-bonapartista para explicar a escola nova, dando-lhe os fundamentos nacionais, já antecipados por Vanilda Paiva (1973).

De todo modo, o trabalho de Ghiraldelli sinaliza a sua preocupação em encontrar bases empíricas para a "crise da hegemonia burguesa", pesquisando a participação política dos trabalhadores na década dos vinte. Por isso, assinala a exigência de se distinguir que "a passagem do 'entusiasmo pela educação' para o 'otimismo pedagógico' se deu justamente no movimento de organização das massas trabalhadoras" (Ibidem, p. 7).

Na sua dissertação de mestrado[44] (1987) sobre o movimento operário na Primeira República, o referido autor dedica o primeiro capítulo à passagem do "entusiasmo" ao "otimismo". Aí, faz correções à tese de Saviani sobre o deslocamento entre as duas tendências[45], dizendo que não havia uma oposição entre elas, como ele próprio chegara a pensar, mas o "otimismo" foi uma extensão do "entusiasmo" (GHIRALDELLI, 1987, p. 31). Com base nessa nova interpretação, inclui as reformas de alguns Pioneiros no "entusiasmo pela educação" (Ibidem p. 32). Quanto ao movimento operário, o autor chega à conclusão de que nenhuma de suas correntes defendeu firmemente a escola pública e gratuita. Quando sob o controle dos anarquistas, a luta pela universalização da escola arrefeceu; já sob a direção do Partido Comunista, "a discussão das teorias pedagógicas ficou um pouco abafada" (Ibidem p. 158). Estando a participação política pelo voto condicionada à instrução, Ghiraldelli prefere não falar de eleições na Primeira República para justificar uma "recomposição da hegemonia" burguesa. Contudo, ainda no espírito da tese jacobino-bonapartista, conclui que o material documental por ele consultado "parece insistir na tese que afirma que a disseminação do regrário metodológico-didático da Pedagogia Nova no Brasil agiu como causa e efeito no sentido de barrar o pensamento pedagógico das esquerdas" (Ibidem, p. 158).

---

[44] GHIRALDELLI Júnior, Paulo. *Educação e movimento operário*. São Paulo: Cortez, Autores Associados, 1987, 167 p.

[45] Numa nota de rodapé, Ghiraldelli afirma que não houve "oposição" entre o "entusiasmo pela educação" e o "otimismo pedagógico", como teria afirmado Saviani em *Escola e democracia*, não se referindo, porém, ao seu próprio artigo sobre o assunto, no qual sustenta a mesma tese de Saviani sobre o conflito entre aquelas duas tendências.

Em 1998, Ghiraldelli faz uma crítica das interpretações que produziu na atmosfera dos anos de 1980, sob a influência das leituras de Gramsci no Brasil e das interpretações sobre o eurocomunismo[46]. Então, considerava que o programa dos pioneiros havia servido para *abafar* a possibilidade "das esquerdas marxistas produzirem o seu próprio documento educacional" (GHIRALDELLI, 1998, p. 35)[47]. Depois, passou a discordar tanto de posições chamadas de "direita" quanto das da "esquerda marxista"[48], uma vez que, para ele, ambas se aproximavam. Sustenta que "algumas" posições contra a escola nova foram injustas e até mesmo "preconceituosas" (Ibidem, p. 36). Com base nessa reavaliação, concluiu que os Pioneiros – Azevedo e Teixeira –, especialmente o último, foram progressistas, pois seguiam Dewey cuja proposta de educação era democrática[49].

---

[46] GHIRALDELLI JÚNIOR, P. A filosofia da educação do pragmatismo americano e o "Manifesto dos Pioneiros da Educação Nova": uma crítica a J.M. Azanha e D. Saviani". *Filosofia, sociedade e educação*. Ano II, n. 2, Marília, 1988, p. 33-45.

[47] O autor faz uma nota para situar sua polêmica com Carlos Monarcha a respeito do Manifesto. Diz que Monarcha considera que o Manifesto "anula a história. Considera que, se o Manifesto fez pouco caso da história, isso não "poderia ser diferente e que tal documento deveria ser lido como um "texto *utópico*" mais do que como um "texto *teórico*" (GHIRALDELLI, 1988, Nota 5, p. 39). Ghiraldelli o considera um "documento de discurso político utópico" porque começa a dizer "que o tempo começa a partir dali, do momento em que ele, 'Manifesto', começa a falar, pois ele está conclamando as pessoas para se engajarem na construção de coisas novas nunca antes imaginadas" (GHIRALDELLI, 1988, Nota 5, p. 39). Tem um conteúdo "insuflador". É isso o que Monarcha vê como um "defeito" e Ghiraldelli considera um "ponto forte".

[48] O representante da leitura "da esquerda marxista" era Saviani e o da de direita José Mário Pires Azanha, cujas leituras, sendo as mesmas até hoje, nota Ghiraldelli, deveriam ser "evitadas" (Ibidem p. 36). Diz que as ideias de ambos os autores se aproximam ao mostrarem que Dewey favoreceu o tecnicismo na educação, desconhecendo aquilo que o mundo inteiro viu e Anísio Teixeira ressaltou, isto é, que Dewey foi um filósofo e político, "jamais um técnico da educação" (Ibidem, p. 37).

[49] Sua atual leitura da escola nova – e do Manifesto dos Pioneiros –, explica Ghiraldelli, é feita a partir de uma "visão não classista". Entretanto, quando o problema de classe se apresenta, como na tensão entre escola do trabalho e escola ativa, chama-o de "pior momento" do Manifesto ou pior momento de Dewey. Vai dizer, assim, que "na sua melhor forma, Dewey manteve a noção de experiência de modo vago e impreciso, muitas vezes confuso, pronta para ser substituída pela noção de linguagem, como de fato foi no decorrer da história do pragmatismo. Acho essa saída melhor" (GHIRALDELLI, 1988, p. 43). Com sua nova leitura da escola nova, o autor considera a "pior parte" ou "embaraço desnecessário" os aspectos que mostram a apropriação feita pela burguesia de reivindicações do movimento operário, como a escola do trabalho, aos quais Gramsci se referiu como "elementos racionais" da escola ativa. Cortando os vínculos entre perspectivas extremamente ligadas, como a noção de escola ativa e a discussão e da democracia, Ghiraldelli não identifica os nexos do "pior momento" com o "melhor momento". É justamente a relação entre cultura e produção, escola e trabalho – que expressa uma nova relação de hegemonia no contexto do Estado ampliado – que move Dewey a desenvolver uma filosofia educacional para a democracia moderna. De qualquer modo, questões em filosofia da educação, a meu ver, não podem ser julgadas como a "melhor" ou "pior" forma de alguns educadores ou documentos. De onde vêm tais conceitos?

Outro estudo que critica "dualismos" na análise da Escola Nova é o de Carlos Monarcha[50] (1989), mencionando o "entusiasmo" e o "otimismo" e classificando Nagle como um representante da "história eurocêntrica". No entanto, também suas teses sobre a escola nova mostram a influência da concepção jacobino-bonapartista.

Uma primeira indicação nesse sentido vem da interpretação de Monarcha sobre a escola nova como um projeto "contrarrevolucionário" (Ibidem, p. 28). Para o autor, havia uma "contra-hegemonia em construção no interior do todo social", chegando a ameaçar "momentaneamente" a hegemonia da burguesia que foi, então, rearticulada (Ibidem, p. 48).

Em outro momento, Monarcha afirma que o projeto da Escola Nova tinha o objetivo de "responder às alternativas contrárias produzidas pelas tensões e conflitos sociais que engendravam o confronto". Um projeto que destruía "resistências", embora o autor não mostre que alternativas [a não ser com relação à escola tradicional] e que resistências eram essas (Ibidem, p. 109). Para o autor, a escola nova foi uma "rearticulação" da hegemonia burguesa visando a integrar o proletariado urbano (Ibidem, p. 48). A "instituição" do mundo urbano-industrial, da modernidade, é "expressão da luta de classes e a imposição da hegemonia burguesa sobre o conjunto da sociedade de classes" (Ibidem, p. 104). Sublinha que a hegemonia é "algo mais do que um mero processo de dominação imutável" (Ibidem, p. 49). Tal noção de "hegemonia", declara o autor, não se inspira em Gramsci mas em Marilena Chauí. Certamente não é de Gramsci a ideia de uma hegemonia "imposta" e permanente.

Um terceiro momento em que o autor caminha na direção de uma análise similar à tese jacobino-bonapartista é quando diz que, com o discurso "científico", os pioneiros sobrepuseram a dimensão técnica à política (Ibidem, p. 29). O escolanovismo, para ele, "empenhou-se em subtrair a discussão política sobre os rumos da república, dos espaços públicos da sociedade, utilizando o discurso científico como argumento" (Ibidem, p. 25). O discurso escolanovista, com sua "mensagem regeneracional", substitui a política pela competência científica (Ibidem, p. 49, 60, 61) e pela despolitização (Ibidem, p. 70). Monarcha entende que os pioneiros transformaram a política em ciência, num "conjunto de normas e procedimentos técnicos", em "política científica", pois, "sob o pretexto de inserir racionalmente o povo na república, procuraram efetuar a despolitização da sociedade civil e colocar o uso público da razão sob o monopólio da vanguarda esclarecida" (Ibidem, p. 128).

---

[50] MONARCHA, Carlos. *A reinvenção da cidade e da multidão.* Dimensões da modernidade brasileira: a Escola Nova. São Paulo, Cortez: Autores Associados, 1989.

Embora critique o dualismo das categorias de Nagle, Monarcha também considera que a escola nova expressou a recomposição da hegemonia burguesa, ao abafar o projeto da classe trabalhadora, resultando num programa autoritário. Desse ponto de vista, a escola nova é algo que "nega", "abafa", "anula" as classes subalternas, sem concessões. Como se daria, nessa perspectiva, a "subordinação" à hegemonia burguesa?

Em todo o trabalho de Monarcha, não há nenhuma explicitação sobre a proposta da classe trabalhadora que foi destruída pela hegemonia burguesa. Aliás, o autor afirma que a diretriz da vida moderna (ciência, industrialismo, democracia) "explicita um novo saber científico" que desqualifica "os *possíveis projetos* históricos alternativos elaborados por outras classes sociais" que estariam "*de antemão fadadas ao fracasso*" (Ibidem, p. 79). Como um "possível projeto" – ao qual o autor não dedica uma linha sequer e o trata como ainda supostamente inexistente – já estaria "fadado ao fracasso" mesmo antes de aparecer?

Talvez isso possa ser explicado pelo argumento sustentado pelo autor, segundo o qual todas as polarizações abertas pelos pioneiros "ocultam" que a escola nova é expressão da pedagogia burguesa. Como consequência dessa interpretação, Monarcha diz que não há embates entre pedagogia nova e tradicional, mas um *continuum* em direção à sociedade técnica e industrial (Ibidem, p. 100). A Escola Nova é, assim, "um *projeto acabado* de transição social em direção à modernidade capitalista" (Ibidem, p. 69). Não emerge de uma polêmica entre concepções distintas, não se insere numa luta ideológica, mesmo porque não há debates. A proposta da escola nova, sublinha o autor, já está pronta.

A leitura negativa do programa da escola nova e da atuação de seus defensores remonta, portanto, à tese de Nagle sobre o deslocamento do "entusiasmo" ao "otimismo", cujos resultados para a pesquisa educacional são comparáveis ao que Pitrin A. Sorokin chamou de "complexo descobridor" e, atualmente, julgo semelhante a um "efeito suflê"[51]. Na origem, tem apenas uma fonte, mas

---

[51] O "efeito suflê", aliás, é hoje comum a pesquisas elaboradas em termos de mestrado porque, aligeiradas que foram no tempo de sua produção, não logram realizar estudos mais aprofundados de conceitos por elas adotados, limitando-se, muitas vezes, a reproduzir exaustivamente fórmulas acriticamente consagradas. Outro aspecto do "efeito suflê" refere-se a acordos intragrupos de pesquisadores para citações mútuas, para atender a requisitos de contagem de índices bibliométricos, o que também leva ao mesmo problema: a repetição não garante a cientificidade de um argumento. A ideia do "efeito suflê" está presente no estudo do sociólogo Sorokin (1964) que, procurando fazer o que chama de uma "operação de purificação", para eliminar os parasitas da Sociologia e ciências afins, identificou vários problemas que, nos anos cinquenta do século passado, considerava "novos", mas que vêm se repetindo até hoje em outros campos científicos, especialmente na pesquisa em educação. Dentre os problemas indicados pelo autor, estão o "surto de amnésia" e o "complexo de descobridor". O primeiro está ligado ao fato de que a então nova safra de sociólogos e psicólogos, que o autor chama

a sua incansável repetição cresce como um "suflê", como se isso lhe desse um tom científico, até mesmo pela autoridade das referências reproduzidas.

Considerações finais

Com as reflexões aqui apresentadas, focalizei problemas da relação entre Filosofia e História na produção do conhecimento, tomando como tema de análise tendências da pesquisa educacional sobre o programa da escola nova.

Procurei mostrar que esse programa, à luz de uma análise fundamentada no referencial gramsciano, é contraditório. Ao mesmo tempo em que teve como objetivo manter a sociedade de classes, incorporou também elementos advindos do movimento operário internacional, em defesa de uma escola do trabalho. A base teórica para explicar essa contradição é a de que houve, na formulação do citado programa, um processo *transformista*, através do qual os grupos dirigentes se apropriaram de teses, reivindicações ou exigências provenientes do movimento social que lhe era antagônico e procuraram subordiná-las à sua hegemonia.

---

de "Colombos", desconhecia as grandes descobertas em suas respectivas áreas, apresentando suas filosofias de gabinete, resultantes de um "complexo descobridor", como se fossem uma verdade científica. Como resultado do "surto de amnésia", apropriavam-se de ideias e técnicas de outros autores clássicos e as apresentam como se fossem próprias. Os "novos doutores" em Sociologia, por sua vez, desconheciam os clássicos da área porque, em sua formação, predominavam textos de introdução à Sociologia, praticamente não saindo desse nível elementar e de fácil leitura, mas que dava ao investigador e professor científico a sensação de que estava bem informado. Sorokin também menciona outro grupo de pseudopesquisadores, no qual estão presentes duas tendências.

Uma delas refere-se a uma fração insignificante de deliberados plagiários "que são vítimas de ambições que excedem sua potência criadora" (Sorokin, 1964, p. 37). A outra é constituída por uma maioria do que ele chama de modernos "negociantes de ciência", os quais se utilizam de técnicas comerciais e de propaganda moderna a fim de combater o valor do produto de seus competidores, com o objetivo de assegurar seus próprios meios de subsistência, adquirir ascensão em uma universidade e ganhar o prestígio como um notável cientista. Quanto às técnicas adotadas pelos "novos Colombos", o autor identifica duas delas, que se aproximam do que estou chamando de "efeito suflê". Uma é a de citar-se mutuamente, especialmente os escritos de amigos, com muito mais frequência do que os de outras pessoas que não conhecem. Outra é a de usar novos termos para velhos conceitos, dando-lhes supostamente um aspecto de certa originalidade. São recursos, assinala o autor, que ajudam a vender, especialmente para o público não familiarizado com determinados conhecimentos sobre a ciência, uma velha "mercadoria intelectual" como se fosse nova. O autor também critica as numerosas "desordens de linguagem" produzidas pelos investigadores modernos, que vão de descrições superficiais, tidas como "profundas e originais", até os neologismos, que impedem uma precisa comunicação e compreensão de ideias e convertem a linguagem da Sociologia moderna numa espécie de jargão, desprovida de elegância e de clareza (Ver SOROKIN, Pitirim. *Achaques y manias de la sociología moderna y ciencias afines*. Madrid: Aguilar, 1964 [do original inglês *Fads and faibles in modern sociology and related sciences*. Chicago: Henry Regnery Company, 1956]).

No Brasil, a pesquisa educacional sobre o programa da escola nova, entretanto, tem levado praticamente a duas posições distintas. De um lado, a que o considera um projeto inspirado no liberalismo e, portanto, reacionário (SAVIANI, 1983; NAGLE, 1974; MONARCHA, 1989, dentre outros autores) e, de outro, a que reconhece seus aspectos democráticos, tais como a questão da escola pública, da democratização etc., mas não aprofunda estudos sobre as contradições que nele estão presentes (NUNES, 1997; MENDONÇA e BRANDÃO, 1997, por exemplo).

Para explicar o problema da polaridade de posições a respeito da escola nova, focalizei alguns aspectos dos desdobramentos que teve, para a pesquisa em educação, a tese formulada por Nagle sobre o deslocamento do "entusiasmo pela educação" para o "otimismo pedagógico". O retumbante sucesso de sua aplicação à pesquisa educacional deveu-se, em grande parte, às sucessivas publicações do texto "não didático" de Saviani (1985), mas também ao trabalho de outros educadores que adotaram essa referência em suas pesquisas, como, além dos que já foram aqui mencionados, Jamil Cury (1978)[52], Maria Luiza Ribeiro (1987)[53], Maria Lúcia de Arruda Aranha (1989)[54], dentre tantos outros pesquisadores.

Embora Clarice Nunes (1997), Ana Mendonça e Zaia Brandão (1997) tenham afirmado que foi a inspiração gramsciana que levou Saviani e seus seguidores a produzirem uma avaliação apenas negativa da escola nova, procurei mostrar que esse é um argumento infundado. A teoria da passagem do "entusiasmo" ao "otimismo", como recomposição da hegemonia burguesa, não encontra respaldo nas reflexões de Gramsci. Ao contrário, ela resulta da transposição de um modelo jacobino-bonapartista para o Brasil, mediado por uma solução "ad hoc", representada pelo esquema eleitoral argentino. Essa foi a chave de leitura do programa da escola nova no Brasil que se tornou hegemônica e suas consequências se fazem sentir até hoje. Uma delas refere-se ao problema da interpretação maniqueísta do programa da escola nova e da atuação de seus defensores, como algo reacionário, tecnicista e que deve ser rejeitado em bloco, problema para o qual muitos outros educadores têm chamado a atenção. Foi da tese jacobino-bonapartista que resultou o abandono da leitura dos nossos liberais, questão que preocupa Ana Mendonça e Zaia Brandão, ao perguntarem por que não lemos Anísio Teixeira, ou por Lovisolo[55] quando fala

---

[52] CURY, Carlos Roberto Jamil. *Ideologia e educação brasileira*. São Paulo: Cortez & Moraes Ltda., 1978, p. 19.

[53] RIBEIRO, Maria Luisa Santos. *História da educação brasileira*. São Paulo: Cortez Editora, 1987, p. 89.

[54] ARANHA, Maria Lúcia Arruda. *Filosofia da educação*. São Paulo: Moderna, 1996, p. 170-1 e ARANHA, Maria Lúcia de Arruda. *História da educação*. São Paulo: Moderna, 1989, p. 243.

[55] LOVISOLO, Hugo. A tradição desafortunada: Anísio Teixeira, velhos textos e ideias atuais. Algumas chaves para ler Anísio Teixeira. In: BORGES DE ALMEIDA, Stela (Org.). *Chaves para ler Anísio Teixeira*. Salvador: EGBA/ Universidade Federal da Bahia, 1990, p. 9-49.

de Anísio Teixeira como uma tradição esquecida. Outro aspecto que gostaria de enfatizar refere-se ao fato de que uma leitura de tipo maniqueísta, como a que se tornou hegemônica a respeito da escola nova, não se circunscreve ao âmbito da academia, como se a pesquisa educacional se limitasse a um exercício escolástico. Ela também se constitui em fonte de formulação de propostas para a política educacional brasileira. Por isso, considero fundamental mostrar que é muito importante à produção do conhecimento ter sempre presente os vínculos entre Filosofia e História, não permitindo que esta última seja tomada apenas como um "pano de fundo" de explicações "ad hoc", mas que seja considerada constitutiva da própria apreensão do real, como movimento, "in fieri". Daí a necessidade de identificar qual é a especificidade do processo *transformista* no Brasil, levando em conta como se expressa o conflito de classes naqueles conturbados trinta anos que marcaram o início do século vinte.

Se o programa da escola nova é conservador, no sentido de propor a reorganização da escola para manter a ordem social dominante, mediante mecanismos de seleção e da dualidade escolar, que expressam a divisão entre governantes e governados, ele não é *monoliticamente conservador*. É também uma ruptura com um tipo de organização escolar que desconhecia exigências culturais e políticas nascidas no movimento dos trabalhadores, para favorecer uma escola voltada aos interesses urbanos e industriais, democrática, *única*, como os próprios pioneiros disseram. É, portanto, um programa contraditório.

Uma manifestação do problema em captar o processo *transformista* mediante o qual foi elaborado o programa da escola nova pode ser encontrada na instigante interpretação que faz Cunha (1993)[56] sobre o Manifesto dos Pioneiros de 1932. O autor detectou uma grande similaridade entre os termos "primário--profissional" e "secundário superior", adotados no Manifesto, e o estudo feito quatro décadas depois, por Establet e Baudelot (1972)[57], numa crítica à escola francesa, acusando-a de não ser única como era então preconizado. A partir daí, Cunha levantou a hipótese de que Fernando de Azevedo teria um interlocutor socialista oculto na elaboração daquele documento[58]. Para elucidar sua hipótese, o autor interrogou os sociólogos franceses sobre a origem daqueles termos, ao que eles responderam tê-los produzido a partir do estudo empírico da própria

---

[56] CUNHA, Luiz Antônio. Educação e classes sociais no Manifesto de 32: perguntas sem respostas. *Revista da Faculdade de Educação da USP*. São Paulo, v. 19, n. 2, jul./dez. 1993, p. 132-150.

[57] BAUDELOT, Chtistian & ESTABLET, Roger. *L'école capitaliste en France*. Paris: Maspero, 1972.

[58] De acordo com Cunha, "De fato, o Manifesto está cheio de trechos onde a ideia é a da educação como alavanca para mudar o mundo, que corresponde bem a uma esperança religiosa ou iluminista, mas está bem distante da utopia socialista. [...] talvez houvesse coautores passivos, na medida em que influenciaram o redator, que se viu motivado a incorporar ideias que não eram bem as suas, mas sim, de possíveis signatários socialistas, quiçá marxistas" (CUNHA, 1993, p.145).

organização da escola francesa. Sua busca resultou, assim, infrutífera: não constatou vínculos de natureza "socialista" entre a terminologia dos autores franceses e os termos do Manifesto.

Entretanto, não é apenas no *Manifesto* que Fernando de Azevedo utiliza aquela terminologia. Em *Sociologia educacional*[59], de 1953, ele também fala da divisão da escola entre "primário profissional" e "secundário superior" e suas reflexões remetem não a um passivo coautor socialista, mas ao pensamento de Durkheim sobre a diversificação social.

Tendo em vista o princípio da diferenciação/uniformização de Durkheim[60], Azevedo[61] (1974) examina a estrutura da escola como uma pirâmide, cuja base é formada por uma "infraestrutura", referente à educação comum (ensino elementar e médio), erguendo-se sobre ela uma "superestrutura" de educações múltiplas (escolas superiores e Universidades), predominando aí a especialização. A base do sistema educacional, segundo o autor, fica incumbida de realizar a "unidade social", "um mínimo de semelhança dos indivíduos, grupos e subgrupos" que constituem a sociedade, por meio da cultura geral. Já as diversificações posteriores da pirâmide do sistema educacional relacionam-se ao processo social de diferenciação. Quanto maior as distinções entre os interesses sociais e mais diferenciada a *divisão do trabalho social* (expressão durkeimiana), mais complexo se torna o sistema educacional, com um maior pluralismo, seja na linha vertical ou horizontal da referida pirâmide. Há assim, na sua opinião, uma "assimilação" ou "uniformização", que é a educação comum, estabelecendo o que há de "genérico", os "interesses do grupo total ou da nação", para, depois, "atender à variedade das necessidades 'específicas' aos interesses de grupos e dos *habitat*", por meio das especializações (Ibidem, p. 148). Na base da pirâmide, está a educação comum, com duração variada conforme o tipo de sociedade, cuja finalidade é a de estabelecer as *"semelhanças essenciais* que são a condição da coesão social" (Ibidem, p. 143). No mesmo nível dessa educação comum, mas a ela sobreposta, se acha "uma série de educações

---

[59] AZEVEDO, Fernando de. *Sociologia educacional*: introdução ao estudo dos fenômenos educacionais e de suas relações com os outros fenômenos sociais. São Paulo: Melhoramentos, 1951, p. 179-84 e 217-21.

[60] DURKHEIM, Émile. *Educação e Sociologia*. Tradução de Lourenço Filho, São Paulo: Melhoramentos, 1955.

[61] AZEVEDO, Fernando de. Os sistemas escolares. In: FORACHI, Maria Alice e PEREIRA, Luiz. *Educação e Sociedade*: leituras de sociologia da educação. São Paulo: Editora Nacional, 1974, p. 138-149. (Trata-se de um extrato do livro: AZEVEDO, Fernando de. *Sociologia educacional*: introdução ao estudo dos fenômenos educacionais e de suas relações com os outros fenômenos sociais. Melhoramentos: São Paulo, 1951, p. 179-84 e 217-21).

especiais (escolas de especialização técnica) correspondentes à divisão do trabalho que consiste na especialização por grupos e conduz à constituição dos ofícios e profissões" (Ibidem, 141). Entretanto, acrescenta Azevedo, a pluralidade de organizações inseridas no corte vertical não resulta de um plano racional, mas de causas contingentes, dando origem a "confusões e distinções, tão irracionais umas como as outras, mas ligadas às formas de organização social, atuais ou já desaparecidas" (Ibidem, 143). Explicando o que poderia vir a ser a confusão advinda de causas contingentes, o autor se refere à dualidade escolar no Brasil, nos anos trinta, mencionando os dois tipos de sistema, que eram quase incomunicáveis entre si: "um para a educação popular constituído de *ensino primário e profissional*, de artes e ofícios, e outro, o *ensino secundário e superior* para a formação de elites, em correspondência às duas classes sociais distintas" (Ibidem, p. 143, Nota 5, grifo meu). A organização escolar assim dualista é, para ele, um dentre tantos outros tantos exemplos daquelas confusões, que somente poderiam ser explicadas "pelo processo de evolução e pelas formas de estrutura social em que tiveram origem, a que correspondem ou a que sobrevivem (sobrevivências sociais)" (Ibidem). Mencionando o movimento dos Pioneiros, Azevedo cita um balanço, de 1935 a 1936, para mostrar que as medidas adotadas para o ensino secundário repercutem sobre o profissional. Reporta-se, então, a três tendências que teriam se verificado em alguns países, todas elas voltadas a conter a demanda pelo ensino secundário: 1) a reorganização das escolas profissionais, surgida em consequência de medidas tomadas para responder à demanda de alunos para os quais as portas da escola secundária estavam fechadas; 2) o aperfeiçoamento do sistema de seleção e a modificação dos programas da escola primária, para estimular o interesse em certos ofícios e ensinos profissionais e, desse modo, desafogar o ensino secundário; a reaparição dos exames na escola, que tinham sido duramente combatidos pela escola nova, sendo considerados, pelo autor, como "tratamento de urgência, para *descongestionar ao ensino secundário*". Considera que esses fatos são suficientes para mostrar a importância do problema das relações entre os diversos ensinos e das repercussões e entrechoques das medidas tomadas no sistema educativo.

Se a referência de Azevedo à dicotomia da escola o leva a buscar reflexões de Durkheim sobre a uniformização e diferenciação do sistema de ensino, ocuparia o sociólogo francês, como influência sobre a educação brasileira, um lugar semelhante àquele que Gramsci atribuiu a Croce, com sua tendência neoidealista, na proposição da escola ativa na Itália? Certamente Durkheim é reconhecido como um dos intelectuais que influenciou a formulação da escola ativa ou escola nova. Não como um idealista, mas declaradamente positivista. Outros estudos[62], que analisam as propostas de Dewey para a escola, a escola progressiva, também mostram sua influência sobre a escola nova no Brasil, a qual se insere no âmbito do pragmatismo. Todas são influências importantes e talvez guardem entre si uma relação muito estreita, que podem estar ligadas ao fenômeno que Gramsci chama de *transformismo*.

Assim, o que há de socialista no programa da escola nova não se deve à participação de autores socialistas franceses, na década de 1920[63], na elaboração de um documento como o Manifesto dos Pioneiros, mas à interlocução que existiu, no movimento intelectual que lhe deu origem, com as concepções de escola no âmbito do socialismo, nos termos de um *transformismo*, apropriando-se de suas exigências para subordiná-las à hegemonia do grupo social dominante.

---

[62] CUNHA, Marcos Vinicius da. John Dewey, um comunista na Escola Nova brasileira: a versão dos católicos na década de 1930. *História da Educação*/ASPHE, FaE/UFPel. v. 6, n. 12, Pelotas, Edit. da UFPel, set. 2002, p. 105-118, PONTES, Adriano César da Silva. *Ética e educação em Dewey*: princípios morais e a escola-laboratório. Belo Horizonte: Faculdade de Educação da UFMG, 2001.

[63] A presença de socialistas na elaboração do *Manifesto* é uma hipótese de Luiz Antonio Cunha, na qual ele diz: "A hipótese de trabalho que guia meu questionamento é a da existência de referências comuns aos dois textos, possivelmente de autores socialistas (na versão marxista) franceses da década de vinte. Essa hipótese me pareceu sugestiva, logo de início, pela francofilia dos intelectuais brasileiros da época (inclusive Fernando de Azevedo) o que, aliás, transparece nos galicismos frequentes no texto do Manifesto" (CUNHA, 1993, p. 146)

Referências

ARANHA, Maria Lúcia de Arruda. *Filosofia da educação*. São Paulo: Moderna, 1996.

——————. *História da educação*. São Paulo: Moderna, 1989.

AZEVEDO, Fernando de. A escola nova e a reforma. in: *Boletim de educação púbica*. Rio de Janeiro, janeiro/março, 1930, n° 1, ano 1, p. 12.

——————. *A transmissão da cultura*. São Paulo: Melhoramentos; Brasília, INL, 1976.

——————. Os sistemas escolares. In FORACHI, Maria Alice e PEREIRA, Luiz, *Educação e sociedade*: leituras de sociologia da educação. São Paulo: Editora Nacional, 1974, p. 138-149. Excerto de AZEVEDO, Fernando de. *Sociologia educacional*: introdução ao estudo dos fenômenos educacionais e de suas relações com os outros fenômenos sociais. São Paulo: Melhoramentos, 1951, p. 179-84 e 217-21.

BAUDELOT, Christian & ESTABLET, Roger. *L'école capitaliste en France*. Paris: Maspero, 1972.

BRANDÃO, Zaia e MENDONÇA, Ana Waleska. Por que não lemos Anísio Teixeira? In: MENDONÇA, Ana Waleska & BRANDÃO, Zaia (Orgs.). *Por que não lemos Anísio Teixeira?* Uma tradição esquecida. Rio de Janeiro: Ravil, 1997, p. 183-193.

CARR, E. H. *Que é história?* Conferências George Macaulay Trevelyan, proferidas por E. H. Carr na Universidade de Cambridge, jan./mar. de 1961. Rio de Janeiro: Paz e Terra, 1982

CARVALHO, Marta M. Chagas de. *A escola e a República*. SP: Editora Brasiliense, 1989.

CUNHA, Luiz Antônio. Educação e classes sociais no Manifesto de 32: perguntas sem respostas. *Revista da Faculdade de Educação da USP*. São Paulo, v. 19, n. 2, julho/dezembro 1993, p. 132-150.

CURY, Carlos Roberto Jamil. *Ideologia e educação brasileira*. São Paulo: Cortez & Moraes Ltda., 1978.

DI GIORGIO, Cristiano. *Escola nova*. São Paulo: Editora Ática, 1986.

DURKHEIM, Émile. *Educação e sociologia*. Tradução de Lourenço Filho, São Paulo: Melhoramentos, 1955.

FERRIÈRE, Adolphe. *L'école active*. 2 vol. Paris: Édition Forum, 1922.

GANDINI, R.C. *Tecnocracia, capitalismo e educação em Anísio Teixeira*. Rio de Janeiro, Civilização Brasileira, 1980.

GHIRALDELLI JÚNIOR, P. A filosofia da educação do pragmatismo americano e o "Manifesto dos Pioneiros da Educação Nova": uma crítica a J.M. Azanha e D. Saviani". *Filosofia, sociedade e educação*. Ano II, N° 2, Marília, 1998, p. 33-45.

GHIRALDELLI JÚNIOR, P. *Educação e movimento operário*. São Paulo: Cortez, Autores Associados, 1987.

——————. O "entusiasmo pela educação" e o "otimismo pedagógico" numa perspectiva dialética. São Paulo, *Ande*, Ano 5, n. 9, 1985, p. 5-7.

GRAMSCI, A. *Concepção dialética da história*. Rio de Janeiro: Civilização Brasileira, 1978.

——————. *El "Risorgimento"*. Buenos Aires : Granica, 1974.

——————. *Lettere dal carcere*. Supplemento al numero dell'Unità del 24 gennaio 1988 (2 volumi).

——————. *Quaderni del carcere*. Torino: Einaudi, 2001 (4 volumes).

HAMDAN, Juliana Cesário. *O perfil do docente do ensino técnico industrial no Brasil (1930-1945):* a formação pelo alto. Dissertação (Mestrado em Educação). Faculdade de Educação, Universidade Federal de Minas Gerais, Belo Horizonte, 2001.

LIBÂNEO, José Carlos. *Democratização da escola pública*: a pedagogia crítico-social dos conteúdos. São Paulo: Loyola, 1985.

LOVISOLO, Hugo. A tradição desafortunada: Anísio Teixeira, velhos textos e idéias atuais. Algumas chaves para ler Anísio Teixeira. In: BORGES DE ALMEIDA, Stela (Org.). *Chaves para ler Anísio Teixeira*. Salvador: EGBA/ Universidade Federal da Bahia, 1990, p. 9-49.

MANIFESTO DOS EDUCADORES. Mais uma vez convocados. *In:* BARROS, R.S.M. de. *Diretrizes e bases da educação nacional*. São Paulo: Nacional, 1960.

Manifesto dos Pioneiros da Educação Nova. In: AZEVEDO, Fernando de. *A educação entre dois mundos.* São Paulo: Melhoramentos, obras completas, v. XVI,. 1958. O Manifesto foi também publicado pela Revista Brasileira de Estudos Pedagógicos, n° 79, jul./set. de 1960.

MANNHEIM, Karl. *Ensayos de Sociologia de la cultura*. Aguilard: Madrid, 1957.

MARX, Karl. *Contribuição à crítica da economia política*. São Paulo: Martins Fontes, 1977.

——————. *Miséria da filosofia*. São Paulo: Grijalbo, 1976.

MEDEIROS, Jarbas. *Ideologia autoritária no Brasil: 1930-1945.* Rio de Janeiro: Fundação Getúlio Vargas, 1978.

MONARCHA, Carlos. *A reinvenção da cidade e da multidão*. Dimensões da modernidade brasileira: a Escola Nova. São Paulo: Cortez; Autores Associados, 1989.

NAGLE, Jorge. *Educação e sociedade na Primeira República*. São Paulo : EPU, EDUSP, 1974.

NUNES, Clarice. História da educação brasileira: novas abordagens de velhos objetos? *Teoria e Realidade*, n. 6, 1992, p. 151-182. Fonte: http://www.prossiga.br/anisioteixeira/artigos/historia.html

PAIVA, Vanilda. *Educação popular e educação de adultos*: contribuição à história da educação brasileira. São Paulo: Edições Loyola, 1973.

PEIXOTO, Anamaria C. *Educação no Brasil*: anos vinte. São Paulo: Edições Loyola, 1983.

PÉTITAT, André. *Produção da escola, produção da sociedade*: análise sócio-histórica de alguns momentos decisivos da evolução escolar no ocidente. Porto Alegre: Artes Médicas, 1994.

PONTES, Adriano César da Silva. Ética e educação em Dewey: princípios morais e a escola-laboratório. Belo Horizonte: Faculdade de Educação da UFMG, 2001.

RIBEIRO, Maria Luisa Santos. *História da educação brasileira*. São Paulo: Cortez Editora, 1987.

ROMANELLI, Othaíza de Oliveira. *História da educação no Brasil*. Petrópolis: Vozes, 2001.

SAVIANI, Dermeval. *Educação*: do senso comum à consciência filosófica. São Paulo: Cortez – Autores Associados, 1983 a, p. 161-187.

──────. *Escola e democracia*. Teorias da educação, curvatura da vara, onze teses sobre educação e política. São Paulo: Autores Associados, 1985.

──────. *Pedagogia histórico-crítica*: primeiras aproximações. São Paulo: Cortez: Autores Associados, 1992 (Coleção polêmicas de nosso tempo, v. 40).

──────. Tendências e correntes da educação brasileira. *In*: MENDES, Durmeval Trigueiro (org.). *Filosofia da educação*, Rio de Janeiro: Civilização Brasileira, 1983.

SCHAFF, Adam. *História e verdade*. São Paulo: Martins Fontes, 1987.

SOARES, Rosemary Dore. Escola nova *versus* escola unitária: contribuições para o debate. *Educação e Sociedade*, Campinas, n. 54, abril de 1996, p. 141-160.

──────. *Formação de técnicos de nível superior no Brasil*: do engenheiro de operação ao tecnólogo. Belo Horizonte: Faculdade de Educação da Universidade Federal de Minas Gerais, 1982. (Dissertação de Mestrado)

──────. *Gramsci, o Estado e a escola*. Ijuí: Unijuí, 2000.

SOROKIN, Pitirim. *Achaques y manias de la sociologia moderna y ciencias afines*. Madrid: Aguilar, 1964 [do original inglês *Fads and faibles in modern sociology and related sciences*. Chicago: Henry Regnery Company, 1956].

TEIXEIRA, Anísio. *A educação e a crise brasileira*. São Paulo: Cia. Editora Nacional, 1956 [Coleção B.P.B., Atualidades Pedagógicas, série 3, vol. 64].

VIANNA, Luiz W. *Liberalismo e sindicato no Brasil*. Rio de Janeiro: Paz e Terra, 1976.

WARDE, Miriam. Contracapa de: NAGLE, Jorge. *Educação e sociedade na Primeira República*, 2. ed., Rio de Janeiro: DP&A, 2001.

WARDE, Mirian Jorge. Anotações para uma historiografia da educação brasileira. *Em Aberto*. Brasília, MEC/INEP, ano 3, n. 23, set./out., 1984.

Vestígios de investigações sobre currículo e formação de professores

Josenilda Maués

Composição descombinada, feita de pedaços, de trapos de todos os tamanhos, mil formas e cores variadas, de idades diversas, de proveniências diferentes, mal alinhavados, justapostos sem harmonia, sem nenhuma atenção às combinações, remendados segundo as circunstâncias, à medida das necessidades, dos acidentes e das contingências, será que mostra uma espécie de mapa-mundi, o mapa das viagens do artista, como uma mala constelada de marcas?[...] Uma certa desordem favorece a síntese.

(Michel Serres)

Sobre vestígios investigativos, campos e uma mala constelada de marcas

Nomear um texto é exercitar um procedimento que lida com uma cadeia sempre incompleta de seus significados. Os argumentos pós-estruturalistas ressaltam que a linguagem que utilizamos para nomear os diferentes textos produzidos não apenas correspondem a imagens e vocábulos, não apenas os intitulam mas, ao dizê-los, participam da fabricação do próprio texto e das realidades em cuja constituição encontram-se envolvidos.

Nomear envolve sempre um processo que reflete e refrata o que se quer dizer e as escolhas de quem o diz, nos espaços do que Corazza (2001) chama de penumbra da eficácia simbólica da linguagem.

Nomear este texto com o extenso e prosaico título apresentado demarca uma opção pela movimentação no espaço discursivo da produção de significados pela linguagem, assumindo portanto determinada acepção de representação.

Esse ato pretende, de um modo, marcar, exercendo o próprio poder de controle de seu enunciado, o campo semântico com base no qual o profiro e, de outro modo, cindir a amplitude do tema. Apresenta portanto, uma composição de quem, na relação social de produção do conhecimento busca possibilidades de singularização em uma trajetória de investigação no espaço do currículo e da formação docente. Essa opção sinaliza um dos modos de ver o campo que compõe o caráter multígeno de uma linha de pesquisa no programa de que faço parte.[1]

Como se trata de um percurso ainda vacilante de uma viagem formativa aberta, é bastante pertinente a epígrafe que nos remete ao texto de Michel Serres (1993), ao referir-se ao casaco furta-cor de Arlequim, o desengonçado imperador da lua que carrega uma composição feita de pedaços, de formas, de cores, proveniências diversas e contingentes que representam o roteiro de suas viagens, recobrindo um arlequim múltiplo e diverso, ondulante e plural, corpo mesclado pelas diversas diferenças vividas durante seus percursos.

Mas falo de vestígios porque falo de trajetória de investigação, e investigação em seu sentido etimológico do latim é *vestigium* – vestígio ou pista. Isso significa que "o processo de pesquisar desenvolve-se através de pistas e cada pista é representada por um interrogativo." (SALOMON, 2002, p. 82). Assim, como espaços dinâmicos e contestados, os campos de conhecimento nas áreas específicas a que me refiro parecem muito mais comungar desafios e interrogações, nos tempos epistemologicamente e paradigmaticamente convulsivos em que nos encontramos, do que de ilações certeiras.

Atravessamos um tempo em que nossas ideias, nossas experiências e nossas palavras são perturbadas e desafiadas a dizer e a fazer o mundo e a nós mesmos de outros modos. Associo-me ao raciocínio que nos chama a atenção para a necessidade de "desconfiar de todos esses discursos sobre a crise nos quais tudo está em crise exceto o discurso seguro e assegurado que a nomeia, diagnostica e antecipa a sua solução" (LARROSA; SKLIAR, 2001, p. 9).

A mala constelada de marcas reúne o caráter compósito de meu percurso marcado por aceites, recusas, definições, redefinições, bagagem revista e rearranjada do viageiro. Como signo de deslocamentos, é a mala o continente dos vestígios desse roteiro de viagens. Mas as viagens não constituem apenas deslocamentos. Viajar é um ato insurgente, é sair, deixar-se seduzir, tornar-

---

[1] Linha de pesquisa: Currículo e Formação de Professores do Programa de Pós-Graduação em Educação do Centro de Educação da Universidade Federal do Pará.

se vários, bifurcar em algum lugar, expor-se às estranhezas muitas vezes, perigosamente (SERRES, 1993). Significa, em muito, experimentar o estranhamento, e este "é a condição das iniciações extraterritoriais e interculturais num deslocamento onde as fronteiras entre casa e mundo se confundem" (BHABHA, 1998, p. 49).

Desenvolverei argumentos recolhidos a partir de meu percurso, de sua construção inicial, visto ser esse é o momento em que julgo encontrar-me. Um percurso recente composto na interlocução com outros percursos de pesquisa já realizados, e em movimento nesse campo. Desejo fazê-lo não como um jogo narcísico mas como reconstrução de uma narrativa baseada em experiências balizadas por compromissos éticos e estéticos. Ao fazê-lo, não pretendo dar corpo a nenhuma teleologia ou descrever minhas experiências como *contrafações de caminhos conhecidos* (BUJES, 2002, p. 12).

Desejo apenas expor matizes da investigação em educação, mais especificamente no espaço do currículo e formação docente, reunindo diálogos que hoje se incorporam à linha de pesquisa "Currículo e Formação de Professores", que coordeno e que desejamos consolidar no Programa de Mestrado em Educação do Centro de Educação da Universidade Federal do Pará, e ao grupo de discussões curriculares de que faço parte.[2]

Estarei fazendo esta abordagem, como o faço em meus textos acadêmicos, operando sempre com o trânsito entre um linguajar que provém de outros campos de conhecimento que, com base na minha compreensão de ciência, não são antinômicos ao campo científico.

Com Apple (1997) compartilho uma compreensão do currículo também como um ambiente simbólico que envolve preocupações técnicas, éticas, políticas e estéticas e que deve conectar preocupações estéticas com produção pessoal de sentido, investindo na recuperação da sensibilidade estética dos sujeitos.

Acredito que "para comunicar novas preocupações, novos problemas, novos fatos e novos achados é indispensável uma nova maneira de escrever, que remete a mudanças muito mais profundas. A esse movimento talvez se pudesse chamar narrar a vida e literaturizar a ciência" (ALVES, 2000, p.16).

Divido este texto em quatro partes conectadas nas quais apresento: **1.** alguns liames entre currículo e a formação de professores; **2.** os lugares de onde construo interrogações nesse eixo; **3.** alguns vestígios das investigações que venho realizando nesse campo e, por fim, **4.** um olhar sobre as errâncias, os desafios e as construções empreendidos em torno do que me foi possível experimentar nesses domínios.

---

[2] NEPEC- Núcleo de Estudos e Pesquisas em Currículo, do Centro de Educação da UFPA.

Tratarei, portanto, do tema com base na minha experiência de formação e pesquisa que pode ser significativa, na medida em que dialoga com a produção do campo e constrói uma versão contingenciada pelas marcas geográficas, culturais e políticas do *locus* onde me situo.

Como Marisa Vorraber Costa (2002b, p. 93), estou convencida de que:

> da efetividade de nossa participação dependerá, em alguma proporção, quem terá o direito de falar, onde e como, no próximo milênio. Se não contarmos nossas histórias a partir do lugar em que nos encontramos, elas serão narradas desde outros lugares, aprisionando-nos em posições, territórios e significados que poderão comprometer amplamente nossas possibilidades de desconstruir os saberes que justificam o controle, a regulação e o governo das pessoas que não habitam espaços culturais hegemônicos.

Dos liames entre currículo e formação de professores

Em princípio, devo ressaltar os liames entre currículo e formação de professores, partindo de estudos já existentes e que põem em evidência os nexos e as interseções entre esses dois campos de conhecimentos e práticas – o currículo e a formação de professores considerando a recorrente referência à prática e à formação docente nos estudos que tomam o currículo como objeto de atenção.

Embora constituam campos diferenciados, estarei aqui enfatizando algumas das confluências que se estabelecem em termos teórico-práticos entre os campos do currículo e da formação de professores e vou fazê-lo a partir do campo curricular. Essa opção não se assenta na defesa de uma posição hierárquica das discussões que o campo do currículo empreende, mas do reconhecimento do alargamento de seu espectro, tanto se baseando em seu fulcro central de preocupação – o conhecimento a ser ensinado em espaços educacionais escolares ou não –, como se baseando no reconhecimento da movimentação epistemológica presente no próprio campo.

Uma retomada dos estudos que realizam mapeamentos do campo[3] permitem-nos identificar a diversidade das tendências teóricas, metodológicas e temáticas que o pontuam e que deixam entrevê-lo também como um campo contestado, como o são os currículos como práticas sociais, vividas cotidianamente.

Tomando como referência a movimentação mais recente, esses estudos demonstram que no fim da primeira metade da década de 1990 alteram-se as ênfases ao enfoque nitidamente sociológico do início da década, e o pen-

---

[3] Dentre esses estudos, ressaltamos aqui os de MOREIRA (1990, 1997, 1998, 2000) LOPES; MACEDO (2002) e LIBÂNEO (1998).

samento curricular começa a incorporar enfoques chamados pós-modernos e pós-estruturais. Não há, entretanto, um direcionamento único mas uma multiplicidade de orientações teórico-metodológicas, tendências e orientações que se inter-relacionam produzindo certo hibridismo de tendências e até certa dificuldade na definição do que vem a ser currículo. (LOPES; MACEDO, 2002).

Presentemente, é possível identificar uma movimentação no campo do currículo que sugere a mescla do discurso pós-moderno com o foco político na teorização crítica, o que aproxima-lo-ía de um processo de redefinição que "envolve não apenas a reterritorialização das referências da produção em currículo, mas a construção de novas preocupações investigativas. Ainda assim, é possível identificar uma proeminente tendência no campo que é a valorização de uma certa discussão da cultura" (LOPES; MACEDO, 2002, p. 48-9).

Podemos perceber, porém, que a partir das teorizações críticas, sob diferentes clivagens teóricas, um elemento de unificação do campo põe sempre em questão o que se entende por conhecimento e por conhecimento escolar: os nexos entre saber e poder, ampliando-se para perscrutar essas questões que inclui diferentes sujeitos, textos, dimensões e espaços que pontuam ações e discursos curriculares.[4] Os vestígios interrogativos parecem-nos apontar para esse fio condutor, embora as operações conceituais, empíricas e políticas se diversifiquem

Uma incursão nos estudos que visitam o campo da formação docente[5] permite-nos também perceber alguma das confluências que esses dois campos apresentam. Podemos ver claramente vários nexos entre a discussão curricular e a formação docente no estudo de Marli André (1997), em que são trabalhadas as tendências da pesquisa sobre docência na produção acadêmica da pós-graduação em educação no período de 1985 a 1997, e ressaltados aspectos considerados consensuais na área da formação de professores em torno do avanço de conhecimento. São eles: a necessidade de articulação teórico-prática; a valorização da atitude crítico-reflexiva no processo de autoformação; a valorização dos saberes/práticas docentes; a construção do conhecimento profissional; o reconhecimento da instituição escolar como espaço da formação docente; a valorização do desenvolvimento profissional e do trabalho coletivo nas escolas; a valorização da história de vida pessoal e profissional do professor e a introdução de temáticas como: memória e gênero, ciclo de vida e experiência docente, história da formação docente, diversidade cultural, etnia, minorias, relatos autobiográficos, classe, raça, gênero, em abordagens integrativas.

---

[4] É esta a posição defendida por Tomaz Tadeu da Silva (1999) com a qual compartilhamos, tendo em vista o acompanhamento da produção do campo do currículo no Brasil.

[5] BRZEZINSKY; GARRIDO (2001), ANDRÉ et al (1999) e RAMALHO et al (2002)

Mais recentemente, o estudo de Ramalho et al. (2002) sobre a formação de professores em programas de pós-graduação no Brasil no ano 2000 mostra-nos que nas linhas de pesquisa sobre a formação docente há uma concentração em quatro temáticas assim priorizadas: Profissão Docente, Profissionalização, Desenvolvimento Profissional, Identidade, Prática Pedagógica. Os saberes docentes aparecem também como um dos temas reveladores de uma tendência marcante na atualidade, que é a preocupação em defender e colocar o professor no centro do processo de construção da sua profissão e do seu desenvolvimento profissional.

Esse estudo mostra ainda que, entre as palavras-chave/temáticas nas linhas de pesquisa sobre o professor, o currículo aparece em destaque junto com a política educacional. A prática docente (que não se faz sem os currículos) é identificada como o objeto mais estudado nos projetos de pesquisa em todas as regiões. O pensamento do professor (suas concepções, crenças, representações, etc) ganha também expressão no conjunto das preocupações em âmbito nacional; e, ainda, a pesquisa-ação passa a ter grande relevância em estudos sobre o professor reflexivo.

É possível, portanto, perceber que as perspectivas encontradas no estudo de Marli André (1997), já mencionado, em grande medida se materializam nos estudos levantados por Ramalho (2000). O exame desses estudos nos possibilita identificar as aproximações e, ao mesmo tempo, as demarcações de limites entre o campo do currículo e a formação de professores.

Os temas enfatizados nos estudos sobre a formação docente são também bastante caros ao campo curricular, o que pode bem claramente indicar as convergências entre ambos e, de certo modo, sinalizar aspectos ou opções relativas às demarcações entre o currículo e o tratamento da formação de professores.

A dispersão dos temas pesquisados nos programas apresentados por essa pesquisa revela, ainda, a pluralidade das temáticas sobre a formação de professores como consequência da própria complexidade da atividade docente, quando tomada como objeto de estudo.

Essas confluências e limites podem indicar-nos a dificuldade de topologizar os campos e o tratamento do que acontece nos processos de organização, seleção, distribuição e controle do conhecimento escolar ou não escolar. Pode também tornar visível o fato de que é justamente essa impossibilidade de traçar rígidas demarcações que faz com que os campos se intersseccionem na compreensão da escolarização, acionando, inclusive, ferramentas conceituais e metodológicas comuns, sem que isso dilua seus focos específicos.

Em ambos os campos, é possível identificar o interesse no exame das práticas como um ponto de partida para analisar as racionalidades que os constituem e um esforço de compreensão dos processos de corporificação de determinadas configurações da escolarização e da produção cultural. Os dois campos teóricos e de prática social contribuem, a seu modo, para estabelecer saberes e práticas sobre o que é tomado como conhecimento escolar; para instaurar regimes de verdade acerca do que é o conhecimento escolar e de como os sujeitos que o selecionam, transmitem, valorizam, recebem e reorganizam são ou devem ser produzidos em determinadas circunstâncias e contextos.

Currículo e trabalho docente conectam-se na medida em que o currículo mostra seus vínculos com a profissão docente em sua gênese histórica como prática institucional envolvida no controle burocrático sobre o trabalho dos professores em suas práticas educacionais, e, na medida em que o próprio trabalho docente se materializa tendo o currículo como base.

Assim, os campos do currículo e da formação de professores aglutinam-se não somente em termos de referências cognitivas ou epistemológicas, mas, efetivamente, no campo das práticas sociais que desenvolvem e com as quais corroboram.

A visibilidade desses nexos teórico-práticos entre o currículo e a formação de professores é bastante acentuada em trabalhos de autores do campo curricular que compreendem o ensino como uma forma de política cultural, que rejeitam uma noção de cultura como mero reflexo da base econômica e que, considerando a interação mutuamente informada entre estrutura e agência, linguagem e desejo, análise, crítica e esperança se preocupam em compreender como os significados são produzidos, mediados, legitimados e questionados dentro das escolas e outras instituições educacionais como importantes alvos de análise crítica.

Em Giroux (1995, 1997, 1999, 2000), o currículo é assumido como política cultural que envolve a ação dos professores como intelectuais públicos entre outros trabalhadores culturais e uma preocupação com os espaços cotidianos em que acontecem os currículos, espaços simbólicos, escolares ou não. Essa compreensão amplia o campo curricular para além de suas discussões específicas, colocando em questão os conhecimentos e os saberes nas escolas e em outros âmbitos de ação pedagógica. Desafia-nos a enfrentar o conceito de fronteiras disciplinares, assumindo a produção cultural como processo que ocorre na interface de múltiplos códigos, formas de conhecimento e modos de investigação, como forma de criação de outras linguagens e práticas sociais, exigindo incursões no campo da alta cultura e da cultura popular.

Assim, ao pesquisarmos currículo, nessa e provavelmente em outras matrizes, estaremos inevitavelmente transvasando os campos aqui referidos e reconhecendo que a definição dos elementos culturais que devem compor as práticas educacionais e escolares encontra-se intimamente conectada à praticabilidade do trabalho docente. Estaremos postulando que as mudanças desejáveis em termos dos propósitos e condições da escolarização passam pelo conhecimento e pelos sujeitos que o praticam, contrariando, portanto, as ideologias tecnocráticas e instrumentais que teimam em direcionar, presentemente, as políticas curriculares e de formação docente em nosso país.

Implicam-se, portanto, esses campos uma vez que o currículo põe em questão: o conhecimento socialmente selecionado para produzir professores; os conhecimentos e os saberes profissionais que os professores constroem; os conhecimentos que veiculam, produzem e reproduzem no processo de ensino; os valores que os professores legitimam e contestam em seu trabalho e aquilo de que se ocupam os docentes nas suas condições objetivas e subjetivas, nos elementos simbólicos, discursivos e culturais que participam da estruturação de suas subjetividades e de seu trabalho.

Assim, desde que o campo da formação docente preocupa-se com a compreensão histórica da profissionalização, com o desenvolvimento profissional dos docentes, com os processos de produção de identidade, de suas práticas em sua especificidade pedagógica responsável pela produção de saberes, ocupa-se da discussão de uma prática social que compartilha com o currículo o trabalho de articulação das relações entre cultura e escola, entre cultura e sociedade, obviamente como operações que envolvem recriação cultural e relações de poder.

Dos lugares de onde construo interrogações

Pensar a partir de nossos espaços impõe uma realidade, a realidade do que há; sair de nossos espaços para pensar outra realidade, ainda não imposta, ainda não havida, propõe uma maravilha: 'a maravilha de sair com o outro', por exemplo.

(Nuria Pérez de Lara Ferré)

Considerando a articulação entre a discussão curricular e a formação docente, recolho elementos para a construção deste texto com a seguinte interrogação: o que venho indagando quando pergunto sobre o currículo e a formação de professores? Ou, para utilizar a expressão de Drummond, o que me tem causado *roídos* de infernal curiosidade nesses campos?

Minhas inquietações nesse espaço entrecruzado têm sido mobilizadas por questões ligadas às relações entre cultura, conhecimento e poder. Tenho em diversos movimentos de pesquisa me perguntado sobre diferentes espaços e lastros da produção cultural do currículo, articulando formas culturais mais amplas e singulares. Tenho inspecionado múltiplas formas e espaços de produção cultural do currículo em seu envolvimento na produção de determinadas subjetividades. Venho experimentando a possibilidade de inclusão de categorias como o gênero e a sexualidade para compreender delicadas dimensões da produção de subjetividades no campo escolar. Tenho investigado a experiência da diferença tal como vivida por diferentes grupos, incluindo no âmbito da pesquisa educacional vozes de grupos pouco sondados por essas investigações. Tenho examinado os modos pelos quais os sujeitos narram suas histórias acerca da escolarização, de sua formação e como constroem suas experiências pessoais e profissionais, interrogando os diferentes discursos que organizam, legitimam modos específicos de denominar, organizar e experimentar a realidade social no processo de escolarização. Tenho fundamentalmente me ocupado dessas questões não em si ou por si, mas no conjunto das relações que as atravessam e nas determinações que as tornam contingentes.

De que ferramentas teóricas me tenho valido para enfrentar essas interrogações?

Parto fundamentalmente de um esforço teórico-metodológico que pretende lidar com o que Larrosa denuncia como uma das inércias fortemente encasteladas no campo pedagógico e que incide "na ocultação da própria pedagogia como uma operação constitutiva, isto é, como produtora de pessoas, e a crença arraigada de que as práticas educativas são meras 'mediadoras' onde se dispõem os 'recursos' para o desenvolvimento dos indivíduos" (1994, p. 37).

Tenho centrado meu esforço na problematização do processo de escolarização com base na atenção à força das práticas, saberes, normas, doutrinas, disposições, atitudes que produzem e reproduzem; de suas inscrições nas subjetividades de cuja produção participa como prática social e dos modos como subjetividades posicionam-se social e discursivamente em relação a essas inscrições.

Minha curiosidade vem se exercitando em torno de teorizações que enfatizam a necessidade de repensar os limites políticos sociais e culturais do modernismo "não como simples rechaço da modernidade, mas como uma conclamação ao exame crítico de seu estágio de desenvolvimento ante as peripécias da razão (Rosenfield) e das mudanças que vêm ocorrendo à vista de todos" (GOERGEN, 2000, p. 105).

No interior dessa movimentação, interesso-me por teorias sociais e culturais que consideram textos e discursos como constitutivos da realidade, como campos de teorias e forças políticas que não podem ser ignorados.

Opero com as possibilidades presentes no trabalho, com narrativas entendidas como mapas semânticos, a partir dos quais os sujeitos estruturam e relatam suas experiências, interpretam o mundo; como práticas de linguagem que contribuem para a criação da realidade educacional. Atento nessa perspectiva para o processo construcionista da linguagem e do discurso assumidos em sua força operatória e naquilo que apresentam como possibilidade de exame crítico, de identificação de seus elementos subjugados e críticos, operando com o horizonte de possibilidades de produção de narrativas contra-hegemônicas

Acolho de Giroux (1997, p. 137-8) a indicação de que uma pedagogia crítica que assuma a forma de política cultural precisa examinar como os processos culturais são produzidos e transformados dentro de três campos de discursos particulares, porém relacionados:

1 **O discurso da produção**, que se concentra nas forças estruturais e nas condições objetivas, entendendo "as estruturas ideológicas e materiais como conjuntos particulares de práticas e interesses que legitimam representações públicas e estilos de vida específicos" (p. 138); que nos mobiliza para identificar os modos como as formas dominantes de discurso da prática educacional são construídas, sustentadas e postas em circulação. Que não nos deixa descuidar da análise dos diferentes conjuntos de condições sob os quais as pessoas trabalham e estudam;

2 **A análise de formas textuais** a partir do entendimento de que os meios de representação nos textos ultrapassam a simples transmissão de ideias. Essa perspectiva gera a necessidade de análises sistemáticas da maneira pela qual diferentes tipos de material são ordenados nos currículos escolares e dos significados silenciosamente embutidos na vida cotidiana das escolas, isso feito, entretanto, para que se possa examinar o material existente e trabalhar também com a possibilidade de produção de material curricular contra-hegemônico;

3 **O discurso das culturas vividas** a partir de um raciocínio que não confere a automática definição das experiências vividas com base em determinações estruturais. Essa perspectiva requer um exame atento dos elementos de autoprodução balizado "por uma compreensão de como os professores e estudantes dão significado a suas vidas através de complexas formas históricas, culturais e políticas que tanto incorporam como produzem" (p. 141). Uma perspectiva que busca avançar no sentido do conhecimento do outro, investindo nos elementos presentes nos modos históricos e culturais de "como as pessoas criam estórias, memórias e narrativas que postulam um senso de determinação e agência" (p. 141).

Incorporo perspectivas teóricas histórico-críticas e exerço meu campo de curiosidades em torno de perspectivas teóricas que põem em questão os conceitos de ideologia e da dinâmica do poder em diferentes e complexas formas de dominação ligadas à classe, ao gênero e à sexualidade, geração, etnia/raça. Estabeleço diálogo com formulações que veem as subjetividades como fragmentadas, descentradas, contraditórias e socialmente produzidas.

Procuro fazer essas operações conceituais com um horizonte político que não me deixa esquecer "que algumas formas de poder são visivelmente mais ameaçadoras do que outras". (SILVA, 1999, p. 147.) Fujo da oposição entre pesquisadores críticos e pós-críticos, entendendo que, para todas as cisões assentadas na produção e na defesa de saberes dogmáticos, as perspectivas de crítica antifundacionalista são extremamente apropriadas.

Minhas opções conceituais requerem a incursão em teorias de política e cultura que tomem o poder como relação ativa, envolvido em diferentes formas de produção cultural ligando agência e estrutura. Essa operação possibilita, a meu ver, uma revigoração da leitura do processo de produção/reprodução social e cultural, assumindo um conceito de poder como produção, interpretação e mediação, ou seja, como relação de forças de qualidade produtiva, e não apenas repressiva.

Interessa-me a discussão da cultura empreendida por autores do campo curricular que dialogam com os Estudos Culturais, entendendo-a como "prática de significação, que assume um papel constituidor e não apenas determinado, superestrutural, epifenomenal; como campo onde os sujeitos disputam a construção e a imposição de significados sobre suas vidas, sobre si próprios e sobre o mundo social" (SILVA, 1999, p. 54).

Compartilho do entendimento de que o currículo é política cultural por percebê-lo envolvido também na construção de significados e valores culturais "que não se situam no nível da consciência pessoal ou individual. Eles estão estreitamente ligados a relações sociais de poder e desigualdade. Trata-se de significados em disputa, de significados que são impostos, mas também contestados" (SILVA, 1999, p. 55-6).

Venho assumindo a pedagogia como pedagogia cultural que acontece dentro e fora de instituições educacionais ou escolares, e entendendo os professores como intelectuais públicos (GIROUX, 1999), defendo uma formação docente culturalmente orientada e a necessidade da participação ativa na produção de professores culturalmente comprometidos.

Acredito que tendo uma compreensão dos professores como intelectuais públicos, noção diversa dos *intelectuais hegemônicos ou obsequiosos* (GIROUX,1999), reabilitamos justamente a dimensão cultural da atividade intelectual, seriamente ameaçada pelas reformas de nosso tempo. Com essa perspectiva que trata o docente como intelectual, ressaltamos a natureza política de seu trabalho, a indissociação entre concepção e execução e investimos no desenho de um profissional com responsabilidades pedagógicas e políticas e não apenas técnicas. Essa defesa requer, certamente, a construção de uma linha de ação formativa que examine constantemente as relações entre conhecimento, cultura, aprendizagem e poder. Para isso, cabe uma formação baseada em currículos organizados em torno de categorias e temáticas que permitam aos futuros professores entender melhor como indivíduos e grupos são oprimidos por fatores relacionados à raça, à classe social e ao gênero como fatores. Uma formação atenta tanto ao exame dos conhecimentos e valores dominantes quanto daqueles subjugados; que se esforce por desnaturalizar fatores opressivos e relações de poder assimétricas; que exerça a crítica de distintas manifestações culturais.

Interrogo e assim investigo o currículo e a formação de professores com base em uma posição que assume uma pedagogia como forma de política cultural.

> que se desenvolva em torno de uma linguagem criticamente afirmativa que permita aos educadores enquanto intelectuais transformadores compreenderem como se produzem as subjetividades dentro daquelas formas sociais nas quais as pessoas se deslocam, mas que muitas vezes são apenas parcialmente compreendidas. (GIROUX, 1997, p. 137)

Sem nenhuma adesão incondicional ou pegajosa, tenho ido ao encontro de *insights* que me permitem combinar as lições e os avanços da teorização curricular crítica com outros arranjos que incluam provisoriamente meus anseios; que se coloquem na escuta diligente das exigências dos objetos investigativos que construo e de minha construção como subjetividade desassossegada.

Isso não raro me deixa desalinhada, desaprumada e me exige, como nos coloca Corazza (2000), "curricularizar perigosamente", afinal, as referências *pós* ainda colocam tarjas negras nos textos que as utilizam ou colocam em suspeição o cariz político dos pesquisadores que delas se aproximam.

Construo uma trajetória encontrando alento entre aqueles e aquelas que vêm aliando coragem para desconfiar do já sabido e vontade ética e estética de produção de outros desenhos curriculares. Com Lyotard (1996), aprendo que a racionalidade só é razoável se admitir que a razão é múltipla.

Assim, e com esses recortes, venho construindo algumas das marcas que constelam minha mala nas viagens que empreendo.

De minhas errâncias ou da construção do múltiplo em mosaico

> *Mas existe um direito à memória que é um dever de transgressão e resistência, um dever que se configura num sujeito que ressignifica em si uma sintaxe do inominável e, criando uma outra linguagem, irrompe desde dentro, através de sua obra, a vida de outros sujeitos.*
>
> (Eugénia Vilela)

Falo agora do que venho construindo no âmbito do currículo e da formação de professores a partir dos diálogos que tenho estabelecido em diferentes, mas articulados momentos, de experiência investigativa no campo educacional.

As relações escola e cultura estiveram presentes quando, em uma investigação no cotidiano de uma escola ribeirinha amazônica, perscrutei as nuanças do conhecimento escolar naquele espaço trabalhado e os modos como se organizava aquela escola para que o trabalho escolar acontecesse. Estive nesse processo atenta aos modos peculiares de construção cultural da escolarização, numa imersão cuidadosa tanto à cultura escolar quanto à cultura da escola.[6]

Em minha tese de doutoramento, problematizei a escolarização como prática produtiva envolvida na produção de determinados tipos de subjetividade examinada sob o ponto de vista das relações de gênero e de vivência da sexualidade e da produção de subjetividades, temáticas proteicas da pesquisa no campo dos estudos culturais.[7]

Essa investigação assumiu, por um lado, um posicionamento que considera premente a necessidade de a investigação curricular voltar-se mais detidamente para o conhecimento das infiltrações e dos rebatimentos que a escolarização ocasiona no tecido social e nas subjetividades, como possibilidade de assim estar perseguindo a dinâmica da produção social e cultural de que participam as escolas. Por outro lado, esse trabalho assumiu a incorporação de narrativas que, de algum modo, atritam as molduras de referência normativa em relação ao gênero e à sexualidade, perscrutando os rastros dessa força produtiva curricular na memória de escolarização de mulheres que vivenciavam a prostituição. Intentando o destaque de uma das múltiplas dimensões que compõem as subjetividades, minhas suposições articularam-se em torno da ideia de que se encontram inscritas, corporificadas e contestadas nas subjetividades determinadas maneiras de conhecer, compreender, interpretar e movimentar a si próprio e suas relações, uma série de distinções, diferenciações e sensibilidades relacionadas ao gênero e à sexualidade como realidades produzidas e experienciadas também enquanto os sujeitos se submetem ao processo de escolarização.

As subjetividades são entendidas como campos em que, de maneira efetiva, os modos de produção capitalistas realizam intervenções práticas para padronização dos desejos e das subjetividades, fluxos estes que podem ser tanto reorientados para a construção de outros territórios como encaminhar-se rumo a cristalizações conservadoras.

---

[6] Trata-se da Dissertação de Mestrado "Espelho líquido: a vida cotidiana de uma escola ribeirinha no Estado do Pará", defendida em 1993 no Programa de Estudos Pós-Graduados em Educação: Supervisão e Currículo da PUC, São Paulo.

[7] Tese de Doutoramento " Escolarização e produção de subjetividades: capturas e sedições", defendida no mesmo programa, no ano de 1998.

Ouvir essas mulheres significou incluí-las como vozes que incorporam posicionamentos acerca de questões que expõem detalhes importantes do que fazem ou deixam de fazer as escolas, no período mais ou menos longo em que milhares de estudantes as frequentam, e trazendo-lhes a possibilidade de perceber que

> sentir-se partícipes/autores de uma narrativa, da construção de relatos históricos, é uma das vias de que dispõem os indivíduos e os grupos humanos para tentar atuar como protagonistas de suas vidas, incluindo a reflexão de como emergimos como sujeitos, de como somos participantes e participados pelos desenhos sociais. (SCHNITMAN, 1996, p .17)

A tematização da prostituição como um dos campos de vivência, de trabalho e exploração em significativa evidência em nosso tempo e na região Norte também faz parte do esforço daquilo que Tomaz Tadeu da Silva (1996) denomina de "estratégia de descolonização dos currículos" a partir da incorporação das vivências atuais de conjuntos significativos de crianças e jovens e da avaliação do envolvimento dos currículos com essas questões.

Em outro momento, dessa vez já articulada a um grupo de pesquisa, incursionei novamente pela via da memória no campo da escolarização e da formação docente, trabalhando então com memórias de velhas professoras que experienciaram sua formação em educandários paraenses nos anos de 1950/60. Nesse momento transitando no eixo – docência, memória e relações de gênero –, lidei com aspectos peculiares da constituição da profissão docente no Estado do Pará.

Em ambos os casos, fiz uma incursão no campo da memória não como espaço residual de acúmulo das experiências originalmente vividas, mas como espaço discursivo construído e reconstruído seletivamente.

Prossigo, presentemente, em um grupo de pesquisa ligado à Linha de Currículo e Formação de Professores, trabalhando com narrativas de formação e docência, em uma pesquisa de ação que aliava formação inicial e continuada, e trabalhando com relatos escritos e orais de alunos da Universidade Federal do Pará e professores da rede pública estadual de ensino.[8]

Entendo também que:

> Discussões explícitas do que, como e por que ensinamos e aprendemos são necessárias para transformar nossos próprios investimentos políticos, culturais e ideológicos em recursos que façam com que a autoridade seja o objetivo da autocrítica, assim como uma aplicação da crítica social. (GIROUX, 2000, p. 72)

---

[8] Trata-se do Projeto "Memórias de Formação e Docência" financiado pelo CNPQ/PNOPG, em desenvolvimento nos anos de 2002 e 2003.

Reconheço que o diálogo com o conhecimento profissional dos docentes confronta-nos com a reconstrução de seu pensamento e do discurso pedagógico, num movimento em que as teorias podem ser acionadas "como ferramentas conceituais para questionar as próprias concepções, interpretar racionalmente a realidade e projetar estratégias convincentes (embora não salvacionistas) de intervenção." (PÉREZ GÓMEZ, 2001, p. 192).

Essa experiência nos permite discutir os elementos que se expressam por meio das narrativas dos sujeitos, de seus valores concretos, de suas cosmovisões sobre a educação, da sociedade e de si próprios, de seus esquemas de pensamento, das formas como estruturam seu conhecimento, de seu trabalho, de sua aprendizagem. Permite-nos tematizar a cultura experiencial, o processo de construção de significados de seus esquemas de pensamento e ação de docentes e estudantes.

Trata-se de colocar em evidencia o que Pérez Gomez (2001, p. 198) identifica como uma dimensão frequentemente esquecida na prática educativa:

> a necessidade de vincular o pensamento e a ação, de evitar as dissociações escolásticas e cartesianas entre a teoria e a prática, de dissolver a separação esquizofrênica entre as ideias, os sentimentos e as atuações, tanto na atividade do docente como no desenvolvimento educativo dos estudantes.

Isso quer dizer assumir a investigação-ação com base em um conceito de profissionalidade docente não entendida "como posse individual do conhecimento especializado e como domínio de habilidades" (PÉREZ GOMEZ, 2001, p.199), mas como processo de reflexão e ação compartilhadas.

Assumindo essa trajetória metodológica, torna-se possível ressaltar como aspecto importante da pesquisa – ação o fato de possibilitar "produzir narrativas, saberes, discursos que instituem identidades". (VORRABER, 2002, p. 99) como espaço de significação das práticas de estudantes e professores, explorando suas possibilidades como espaços de produção narrativa coletiva e de tematização de políticas culturais de representação.

Quais então os liames que unem essa trajetória de investigação que transita entre os campos do currículo e os da formação docente, conectando-os? O tratamento da linguagem e da subjetividade como possibilidades para pensarmos as questões acerca da identidade e da produção de significado; a busca dos diferentes espaços e modos nos quais o currículo se evidencie em seu envolvimento com várias narrativas e tradições, produzindo narrativas, legitimando algumas e desautorizando outras; o entendimento do currículo como campo de produção ativa de cultura, de criação simbólica, cultural; uma visão do currículo como mecanismo que se envolve na produção de subjetividades; a crença fundamental de que a linguagem "não existe como armazém de artigos, do qual os locutores (geralmente humanos) se servem para se exprimirem ou se comunicarem" (LYOTARD, 1993, p. 55), mas que, como os currículos, se envolve como outras instâncias na produção do que somos.

Move-me nesse percurso a coragem de lidar com o desafio de formular interrogações dentro de campos conceituais e metodológicos que não temem interrogar-se acerca da vontade de poder de sua própria arquitetura epistemológica e daquelas que se assentam na tranquilidade das verdades supostamente contidas em seus esquemas de pensamento.

Ao olho da obra: sobre os vestígios da errância, refazendo as malas e o mapa das viagens

Que a grande inconsciência viva e sonora que inspira meus próprios atos probantes disponha para sempre de tudo o que sou. Suprimo com prazer a oportunidade de retomar tudo o que de novo aqui lhe dou.

(André Breton)

Percorrendo brevemente esse movimento entre o campo do currículo, a formação de professores e a minha curta trajetória de pesquisa, revejo os discursos produzidos em suas contingências, ênfases, dispersões e exclusões, ou, na expressão foucaultiana, em suas *sistematicidades descontínuas*.

Estamos em meio a um tempo que nos desafia a construir outras maneiras de pensar e agir em todos os campos do empreendimento humano. Se aceitarmos a ideia de que nos encontramos *no vértice de paradigmas em modificação* (DOLL, 1997, p. 27) e que essa movimentação reverbera nos campos de conhecimentos específicos em que realizamos nossas investigações; se aceitamos ainda a ideia de que o campo referencial com que operamos em nossas investigações caracteriza-se por um hibridismo, estamos diante de um enorme desafio que nos exige filtrar entre consolidadas e novas argumentações teóricas aquelas que nos permitam melhor atingir os escopos investigativos e políticos que se nos colocam. Precisamos ouvir rumores, saber de onde vêm e para onde nos possibilitam ir, visto que o trabalho científico exige sempre a construção de convicções mesmo que provisórias e instáveis

Penso que a possibilidade de construção de outros currículos, contra-hegemônicos aos que se nacionalizam, não nos coloca a buscar novos recursos apenas no campo científico, mas na interlocução com diferentes campos de conhecimento. No que precisamos recorrer ao conhecimento científico, essa busca nos remete a uma nova versão da ciência, mais interativa, mais complexa, indeterminada, e para a necessidade de interlocução com diferentes campos de conhecimento.

Penso que o currículo como campo e como prática social de recriação cultural é presentemente nosso espaço de força e fragilidade nesse diálogo.

A grande atenção que as políticas públicas destinam às reformas curriculares indica-nos que essa não é uma escolha inocente, aleatória, mas que se baseia na identificação do currículo como prática social privilegiada no processo de construção de identidades e subjetividades apropriadas para determinadas exigências e projetos. Felizmente, como campo contestado, os espaços de ação curricular contra-hegemônica são possíveis. Precisamos, portanto, identificar esses espaços e neles investir com a certeza de que não somos produtores ou portadores de "verdadeira verdade" ou da "tocha emancipatória" sinalizadora de caminho único redentor.

Uma boa forma pode ser atritar memórias e envolver-se na produção de contramemórias que contestem os quadros de referência dominantes nos diferentes campos de ação e existência humana.

Defendo que o diálogo com *insights* provindos de outros rumores (os pós) é salutar e deve ser sempre dependente dos objetos e perspectivas de investigação que levamos à frente, podendo enriquecer, em muito, a problematização e a reconfiguração daquilo que dizemos sobre as escolas e do que é definido e valorizado como conhecimento escolar.

Entretanto, fazer ciência, a partir desse diálogo, supõe fundamentalmente o enfrentamento dos desafios das distinções entre objetividade e interpretação, porque também "a razão e a ciência só podem ser entendidas como parte de uma luta histórica, política e social mais ampla pelo relacionamento entre linguagem e poder" (GIROUX, 1999, p .68). Coloca-nos em muito diante de quebra-cabeças que requerem montagens engenhosas e longas; força-nos a um olhar mais caleidoscópico; impele-nos ao exercício da produção de mosaicos que inevitavelmente deverão incluir as possibilidades de acertadas combinações e o desastre da junção de peças mal compostas; exige o *ser-se humano* como expressão ética (VILELA, 2001); supõe fundamentalmente a coragem de desafiar o que julgamos saber e colocar também em questão os discursos que legitimamos ao fazer ciência.

Afinal,

> a verdade não é um deus predador que brincasse de comer os corpos humanos [...] ela é um movimento, cheio de rigor e de graça, que ajuda os humanos a viver e, aí, se reencontrar. Ela não é da ordem do cutelo (sim, não), mas o meio termo fecundo, onde um e outro produzem, como terceiro, uma verdade. (SIBONY apud VILELA, 2001, p. 250) Referências

Referências

ALVES, Nilda. Decifrando o pergaminho: o cotidiano das escolas nas lógicas das redes cotidianas. In: OLIVEIRA, Inês Barbosa de; ALVES, Nilda. (Orgs.). *Pesquisa no/do cotidiano das escolas*: sobre redes de saberes. Rio de Janeiro: DP & A, 2000, p. 13-38.

ANDRADE, C. D. de. *Corpo* – novos poemas. Rio de Janeiro, Record, 1984.

ANDRÉ, Marli. Perspectivas atuais da pesquisa sobre docência. In: CATANI, Denice et al. *Docência, memória e gênero*. São Paulo: Escrituras, 1997, p. 65-74.

ANDRÉ, M.; SIMÕES, R. H. S.; CARVALHO, J. M.; BRZEZINSKI, I. Estado da Arte da Formação de Professores no Brasil. *Educação e Sociedade*, Campinas, v. 20, dez. 1999.

APPLE, Michael W. *Conhecimento oficial*: a educação democrática numa era conservadora. Petrópolis: Vozes, 1997.

BAHBHA, Homi. *O local da cultura*. Belo Horizonte: UFMG, 1998.

BRZEZINSKI, I.; GARRIDO, E. Análise dos trabalhos do GT Formação de Professores: o que revelam as pesquisas do período 1992-1998. *Revista Brasileira de Educação*, p. 82-100, set./out./nov./dez. 2001.

BRZEZINSKI, Iria. Pós-graduação em educação brasileira e a produção do conhecimento profissional: emergência de um novo paradigma para a formação de professores? In: TAVARES, José; BRZEZINSKI, Iria (Orgs.) *Conhecimento profissional de professores*: a práxis educacional como paradigma em construção. Fortaleza: Edições Demócrito Rocha, 2001, p. 53-80.

BUJES, Maria Isabel Edelweiss. Descaminhos. In: COSTA, Vorraber Marisa (Org.). Caminhos investigativos II: outros modos de pensar e fazer pesquisa em educação. Rio de Janeiro: DP&A, 2002, p. 11-33.

CANEN, Ana; MOREIRA, Antonio F. B. Reflexões sobre o multiculturalismo na escola e na formação docente. In: *Ênfases e omissões no currículo*. Campinas: Papirus, 2001, p. 15-44.

CORAZZA, Sandra. *O que quer um currículo?* Pesquisas pós-críticas em educação. Petróplis: Vozes, 2001.

COSTA, Marisa Vorraber (Org.). *O currículo nos limiares do contemporâneo*. Rio de Janeiro: DPA, 1998.

COSTA, Marisa Voraber. (Org.). *Caminhos investigativos II*: outros modos de pensar e fazer pesquisa em educação. Rio de Janeiro: DP & A, 2002.

¾¾ *Estudos culturais em educação*: mídia, arquitetura, brinquedo, biologia, literatura, cinema. Porto Alegre: UFRGS, 2000.

————. Poder, discurso e política cultural: contribuições dos Estudos Culturais ao campo do currículo. In: LOPES, Alice Casimiro; MACEDO, Elizabeth. (Orgs.) *Currículo*: debates contemporâneos. São Paulo: Cortez, 2002, p. 133-49.

——————. Currículo e política cultural. In: COSTA, Marisa Vorraber (Org.). *O currículo nos limiares do contemporâneo*. Rio de Janeiro: DPA, 1998.

FERRÉ, Nuria Pérez de Lara. Imagens do outro: imagens, talvez, de uma outra função pedagógica. In: LARROSA, Jorge; DE LARA, Nuria Péres (Orgs.). *Imagens do outro*. Petrópolis: Vozes, 1998, p. 180-192.

FOUCAULT, Michel. *A ordem do discurso*. 8. ed. São Paulo: Loyola, 2002.

GIROUX, Henry. *Os professores como intelectuais*: rumo a uma pedagogia crítica da aprendizagem. Porto Alegre: Artes Médicas, 1997.

——————. *Cruzando as fronteiras do discurso educacional*: novas políticas em educação. Porto Alegre: Artes Médicas, 1999.

——————. Praticando estudos culturais nas faculdades de educação. In: SILVA, T. T. (Org.) *Alienígenas na sala de aula*: uma introdução aos estudos culturais em educação. Petrópolis: Vozes, 1995, p. 85-103.

——————. Pedagogia crítica como projeto de profecia exemplar: cultura e política no novo milênio. In: IMBERNÓN, F. (Org.). *A educação no século XXI*: os desafios do futuro imediato. Porto Alegre: Artes Médicas, 2000, p. 65-76.

GOERGEN, Pedro. A crise da identidade da universidade moderna. In: PEREIRA, Elisabete M. de A.; FILHO, José Camilo dos Santos (Orgs.). *Escola e universidade na pós-modernidade*. Campinas: Mercado das Letras; São Paulo: FAPESP, 2000, p. 101-161.

-HALL, Stuart. A centralidade da cultura: notas sobre as revoluções de nosso tempo. *Educação & Realidade,* Porto Alegre, v. 22, n. 2, 1997, p. 15- 46.

LARROSA. Jorge. *Pedagogia profana*: danças, piruetas e mascaradas. Belo Horizonte: Autêntica, 1999.

LARROSA, Jorge; SKLIAR, Carlos (Orgs.). *Habitantes de Babel*: políticas e poéticas da diferença. Belo Horizonte: Autêntica, 2001.

LIBÂNEO, José Carlos. Os campos contemporâneos da didática e do currículo: aproximações e diferenças. In: OLIVEIRA, Maria Rita N. S. (Org.). *Confluências e divergências entre didática e currículo*. Campinas: Papirus, 1998, p. 53-92.

LINHARES, Célia; LEAL, Maria Cristina (Orgs.). *Formação de professores*: uma crítica à razão e à política hegemônicas. Rio de Janeiro: DPA, 2002.

LOPES, Alice Casimiro; MACEDO, Elizabeth (Orgs.). *Currículo*: debates contemporâneos. São Paulo: Cortez, 2002 (Série cultura, memória e currículo, v. 2).

LOURO, Guacira Lopes. O currículo e as diferenças sexuais e de gênero. In: COSTA, Marisa Vorraber (Org.). *O currículo nos limiares do contemporâneo*. Rio de Janeiro: DPA, 1998, p. 85-92.

LYOTARD, Jean-François. *Moralidades pós-modernas*. Campinas: Papirus, 1996.

MAUÉS, Josenilda. Casaco de arlequim: composições provocativas para outras práticas. In: SANTOS, Eunice et al (Orgs.). *Territórios didáticos*. Belém, E. F. S., 2000, p. 13-34.

——————. *Escolarização e produção de subjetividades*: capturas e sedições. São Paulo: Pontifícia Universidade Católica, 1998. Tese de doutorado em Educação.

——————. *Espelho líquido*: a vida cotidiana de uma escola ribeirinha no Estado do Pará. Dissertação de Mestrado. São Paulo: Pontifícia Universidade Católica, 1983.

MOREIRA, Antonio Flávio B. *Currículos e programas no Brasil*. Campinas: Papirus, 1990.

——————. O currículo como política cultural e a formação docente. In: SILVA, T. T.; MOREIRA, Antonio Flávio (Orgs.) *Territórios contestados*. Petrópolis: Vozes, 1995, p. 7-20.

——————. Currículo, utopia e pós-modernidade. In: *Currículo*: questões atuais. Campinas: Papirus, 1997, p. 9-28.

——————. O campo do currículo no Brasil: os anos noventa. In: CANDAU, Vera (Org.). *Didática, currículo e saberes escolares*. Rio de Janeiro: DP&A, 2000, p. 960-77.

MOREIRA, Antonio F. B.; MACEDO, Elisabeth Fernandes de A crise da teoria curricular crítica. In: COSTA, Marisa Vorraber (Org.) *O currículo nos limiares do contemporâneo*. Rio de Janeiro: DPA., 1998, p. 11-36.

——————. Multiculturalismo, currículo e formação de professores. In: MOREIRA, Antonio F. B. (Org.). *Currículo: políticas e práticas*. Campinas: Papirus, 1999, p. 81-96.

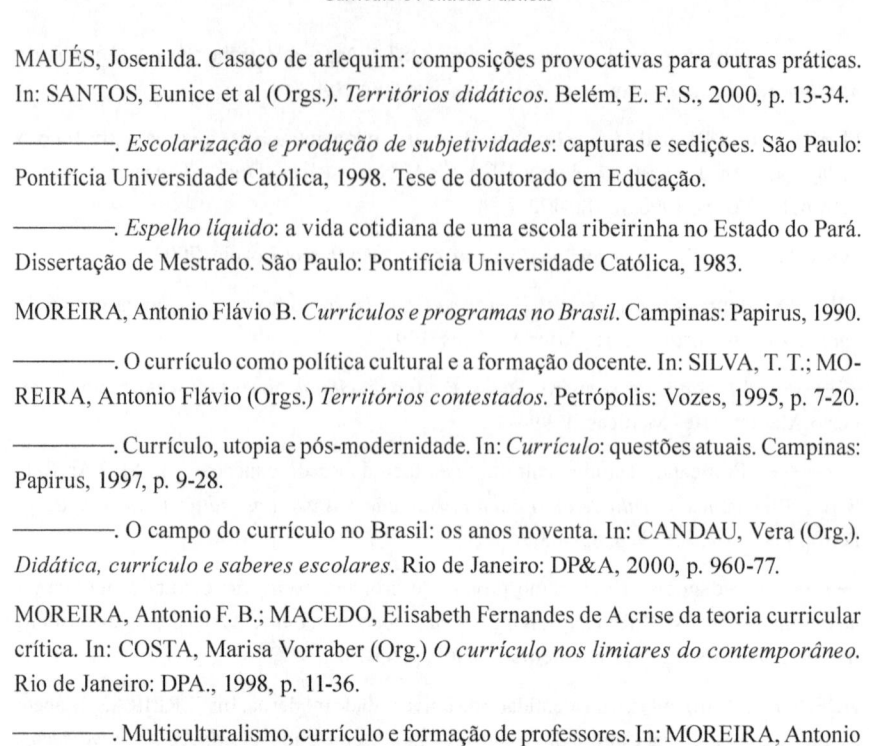

——————. Em defesa de uma orientação cultural na formação de professores. In: CANEN, Ana; MOREIRA, Antonio F. B. (Orgs.). *Ênfases e omissões no currículo*. Campinas: Papirus, 2001, p. 117-146.

——————. Currículo, diferença cultural e diálogo. In: *Educação & Sociedade*, Campinas, ano XXIII, n.79, ago. 2002 (1538).

MOREIRA, Antonio Flávio; SILVA, Tomaz Tadeu da. (Orgs.). *Currículo, cultura e sociedade*. 3. ed. São Paulo: Cortez, 1999.

PÉREZ GOMÉZ, A. *A cultura escolar na sociedade neoliberal*. Porto Alegre: Artes Médicas, 2001.

RAMALHO, Betânia et al. *A pesquisa sobre a formação de professores nos programas de Pós-Graduação em Educação;* o caso do ano 2000. 25ª Reunião Anual da Anped, Caxambu, 2002.

SALOMON, Délcio Vieira. *A maravilhosa incerteza*: pensar, pesquisar e criar. São Paulo: Martins Fontes, 2000.

SCHNITMAN, Dora F. (Org.). *Novos paradigmas, cultura e subjetividade*. Porto Alegre: Artes Médicas, 1996.

SERRES, Michel. *Filosofia mestiça*. Rio de Janeiro: Nova Fronteira, 1993.

SILVA, Tomaz Tadeu da. (Org.). *Alienígenas na sala de aula:* uma introdução aos estudos culturais em educação. Petrópolis: Vozes, 1995.

——————. *Teoria educacional crítica em tempos pós-modernos*. Porto Alegre: Artes Médicas, 1993.

——————. Descolonizar o currículo: estratégias para uma pedagogia crítica: dois ou três comentários sobre o texto de Michael Apple. In: COSTA, Marisa Vorraber (Org.). *Escola básica na virada do século*: cultura, política e currículo. São Paulo: Cortez, 1996, p. 61-72.

VILELA, Eugênia. Corpos inabitáveis. Errância, Filosofia e Memória. In: LARROSA, Jorge; SKLIAR, Carlos. *Habitantes de babel*: políticas e poéticas da diferença. Belo Horizonte: Autêntica, 2001, p. 233-254.

Comparando projetos neoliberais e desigualdade em educação

Michael W. Apple

O exemplar de agosto de 2000 da revista *Comparative Education* foi dedicado a assuntos relacionados à "Educação Comparativa para o século vinte e um" (*Comparative Education for the Twenty-first Century.*) O exemplar foi cuidadoso e levantou questões importantes que merecem respostas ainda mais críticas e reflexivas.

Entre as questões levantadas por Angela Little estavam:

> Como o acesso diferenciado à educação e qualidade poderá levar a uma maior marginalização dos jovens? [....] Como diferentes formas de educação servem para reproduzir e dar legitimidade a estratificações sociais e econômicas? (LITTLE, 2000, p. 292-293)

Essas questões não estão limitadas por fronteiras geográficas. Como nos diz Michael Crossley, "está cada vez mais difícil entender a educação em qualquer contexto sem referência às forças globais que influenciam a política e a prática" (CROSSLEY, 2000, p. 234). Neste artigo, gostaria de focalizar um conjunto particular de tendências globais e fazer uma análise dos meios pelos quais esse conjunto pode tomar parte ativa na legitimação e reprodução que Little nos chama atenção.

Nós estamos vivendo em um período de crises que vêm afetando todas as nossas instituições culturais, econômicas e políticas. A escola é uma das instituições que têm estado no centro da crise e vêm lutando para superá-la. Os neoliberais dizem-nos que somente direcionando as nossas escolas, os professores e as crianças para o mercado competitivo, acharemos a solução. Os neoconservadores assinalam que a única solução possível é a volta ao "conhecimento real." O conhecimento popular ligado e organizado em torno da vida dos membros mais desprivilegiados das nossas comunidades não é legítimo.

Uma das vezes em que estive trabalhando no Brasil, Paulo Freire falou-me repetidamente que a educação tem de começar com o diálogo crítico. Estas duas últimas palavras eram cruciais para ele. A educação deve submeter não só as instituições educacionais como também a sociedade em geral a um questionamento rigoroso, que envolva profundamente aqueles que se beneficiam menos da maneira na qual essas instituições funcionam no momento. Ambas as condições eram necessárias, mas a primeira sem a segunda era insuficiente para a tarefa de criar uma educação democrática crítica.

Certamente, muitos educadores comprometidos já sabem que a transformação de políticas e práticas educacionais – ou a defesa de ganhos democráticos em nossas escolas e comunidades – é intrinsecamente política. Entretanto, o mero fato de as pessoas reconhecerem as conexões entre, digamos, educação e poder diferencial não garante que a ação baseada em tal conhecimento leve inevitavelmente a transformações progressivas. Existem múltiplos agentes no campo social do poder para quem os meios e objetivos finais da educação são contestados. Esse diferencial de relações de poder, que atualmente conduzem a educação em direções distintas em muitos países, será o enfoque deste artigo.

Rumo certo

Em sua influente história dos debates sobre currículos, Herbert Kliebard mostrou que propostas educacionais têm envolvido grandes conflitos e compromissos entre grupos com visões competidoras de conhecimento "legítimo", ou seja, aquele considerado "bom" ensinamento e aprendizado, e o que é uma sociedade "justa" (KLIEBARD, 1995). Que esses conflitos tenham raízes profundas em conflitantes visões raciais, de classe e sexo sobre justiça na educação é uma ideia que está ratificada até mesmo em trabalhos recentes mais críticos (RURY and MIREL, 1997; TEITELBAUM, 1996; SELDEN, 1999). Essas visões competidoras nunca tiveram espaço igual na imaginação de educadores ou da população em geral, nem poder igual para afetar as suas visões. Assim, nenhuma análise de educação pode ser totalmente séria sem ser sensível às lutas contínuas que modelam o ambiente educacional.

A situação hoje não é diferente daquela do passado. Como já argumentei em outras oportunidades (APPLE, 1996; 2000; 2001), em alguns países criou-se um conjunto de acordos, uma aliança e um bloco de poder com influência crescente na educação e no campo social. Esse bloco de poder combina frações múltiplas do capital e não só dos que estão comprometidos com as soluções neoliberais para problemas educacionais, mas também dos neoconservadores intelectuais que querem um "retorno" aos altos padrões e a uma "cultura comum"; dos religiosos autoritários populistas e conservadores que estão profundamente preocupados com a secularidade e com a preservação das suas tradições; e finalmente das frações distintas da nova classe média orientada profissionalmente e gerencialmente comprometida com uma ideologia e técnica de responsabilidade, medição e "novo gerenciamento". Apesar de existirem conflitos e tensões claras dentro dessa aliança, no geral os seus objetivos visam dar as condições educacionais que dizem ser necessárias não só ao aumento da competitividade internacional, lucro e disciplina, como também para um retorno a um passado romantizado do "ideal" de casa, família e escola.

Em essência, essa nova aliança inseriu a educação num conjunto mais amplo de compromissos ideológicos. Os objetivos em educação são os mesmos que guiam os objetivos econômicos e de bem-estar social. Eles incluem a dramática expansão daquela eloquente ficção, o mercado livre; a redução drástica da responsabilidade do governo em relação às necessidades sociais; o fortalecimento das intensas estruturas competitivas de mobilidade dentro e fora da escola; a diminuição das expectativas das pessoas em relação à segurança econômica; a "disciplina" da cultura e do corpo e a popularização do que é claramente a forma de pensamento social darwinista, como a recente popularidade de *The bell curve* (HERNSTEIN and MURRAY, 1994) indica, tão obviamente e tristemente, não só nos Estados Unidos como também em outros lugares.

O aparente discurso contraditório, tendo, por um lado, competição, mercados e escolha e, por outro, responsabilidade, desempenho de objetivos, padrões, testes nacionais, e currículo nacional, cria uma comoção tal que passa a ser difícil levar em consideração qualquer outro aspecto. Apesar de parecerem simbolizar tendências diferentes, na verdade estranhamente fortalecem uma a outra e ajudam a sustentar posições educacionais conservadoras no nosso dia a dia.

As mudanças que – lamentavelmente – estão ocorrendo, apresentam uma oportunidade excepcional para uma reflexão crítica séria. Em um tempo de mudanças sociais e educacionais radicais, é crucial documentar os processos e os efeitos dos vários e, às vezes, contraditórios elementos do que pode ser chamado "modernização conservadora" (DALE, 1989/90; APPLE, 2001) e maneiras pelas quais elas são mediadas, acordadas, aceitas e usadas de modos diferentes por grupos diferentes para os seus próprios propósitos, e/ou debater sobre as políticas e práticas do cotidiano da vida educacional das pessoas (RANSON, 1995, p. 427). Gostaria de apresentar neste artigo uma ideia mais detalhada de como isto pode estar acontecendo nas "reformas" atuais tais como a mercadização. Para os interessados em movimentos internacionais que apoiam políticas e práticas educacionais críticas, não enfocar esse aspecto significa agir sem entender as mudanças de relação de poder que estão construindo e reconstruindo o campo do poder social. Apesar da máxima de Gramsci, *"Pessimism of the intellect, optimism of the will,"* (Pessimismo do intelecto, otimismo da vontade) ter uma ressonância poderosa e ser útil para a mobilização e para não perder esperanças, seria tolo substituir slogans retóricos por uma análise completa que é, sem dúvida, necessária, se quisermos obter sucesso.

Mercados novos, tradições antigas

Historicamente, em alguns países ocidentais, atrás de um muito debatido discurso emergente do *New Right's*, havia uma posição que enfatizava "a construção cultural de uma nação como um santuário (ameaçador) para as tradições e valores de (cristãos) brancos" (GILLBORN, 1997[a], p. 2). Isto envolvia a construção de um passado nacional imaginado, que seria, pelo menos parcialmente, mitológico e depois empregado para criticar o presente. Gary McCulloch argumenta que a natureza das imagens históricas de aprendizado mudou. A imagem dominante da educação como sendo "segura, domesticada e progressiva" (isto é, que leva ao progresso e à melhoria social e profissional) mudou para "ameaçadora, alienada e regressiva" (MCCULLOCH, 1997, p. 80). O passado não é mais a fonte de estabilidade, mas sim uma marca de fracasso, desapontamento e perda. Isso é visto principalmente nos ataques a "ortodoxia progressiva" que supostamente reina nas salas de aulas de muitos países (veja HIRSCH, 1996: RAVITCH, 2000).

Por exemplo, na Inglaterra – mas isso também ocorre nos Estados Unidos, Austrália e em outros lugares –, Michael Jones, editor político de *Sunday Times*, rememora a escola primária da sua época:

> Escola primária era um tempo feliz para mim. Aproximadamente 40 de nós alunos sentava-se em lugares marcados em carteiras de madeira com jarros de tinta nanquim e se mexiam somente com permissão, que era dada relutantemente. A professora sentava-se em uma carteira mais alta na nossa frente e só se movia para ir ao quadro negro. Ela cheirava a perfume e inspirava admiração. (citado em MCCULLOCH, 1997, p.78)

A mistura de metáforas invocando disciplina, cheiro (visceral e quase "natural") e admiração é fascinante. Mas ele continua, lamentando os últimos 30 anos de "reforma" que transformaram a escola primária. Falando da experiência de seus próprios filhos, Jones diz:

Meus filhos passaram os seus anos de escola primária numa "escola show" onde eles podiam vagar à vontade, desenvolver as suas habilidades individuais e evitar os 3Rs[1]. Isto era para melhor, nos garantiam. Mas não foi. (citado em MCCULLOCH, 1997, p. 78)

Para Jones, a "ortodoxia dogmática" da educação progressiva "levou diretamente ao declínio social e educacional". Somente as reformas de direita instituídas nos anos de 1980 e 1990 poderiam parar e, só então, reverter esse declínio (MCCULLOCH, 1997). Somente dessa maneira o passado imaginado poderia retornar.

O mesmo tem sido dito no lado americano do Atlântico. Esses sentimentos ecoam nos pronunciamentos públicos de figuras como Willian Bennett (1988), E.D. Hirsch, Jr. (1996), Diane Ravicth (2000) e outros que parecem acreditar que o "progressivismo" é dominante na prática educativa e na política educacional e que destruiu um passado valioso. Todos eles acreditam que somente aumentando o controle sobre o currículo e sobre o ensino (e sobre alunos, com certeza), restaurando as tradições "perdidas", fazendo a educação mais disciplinada e competitiva, como era no passado, só então poderemos ter uma escola eficiente[2]. Essas pessoas são apoiadas por outras que fazem críticas similares, mas que, diversamente, olham para um passado diferente para chegar a um futuro diferente.

O passado delas é menos de cheiros, admiração e autoridade; é um passado de "liberdade" de mercado. Para essas pessoas, nada pode ser obtido – mesmo com a restauração da admiração e da autoridade – sem deixar o mercado livre nas escolas para assegurar que somente os "bons" sobreviverão.

Entendemos que essas políticas são transformações radicais. Se elas tivessem vindo do outro lado do espectro político, teriam sido ridicularizadas de muitas maneiras, dadas as tendências ideológicas das nossas nações. Além disso, essas políticas são baseadas num passado pastoral romântico, e as reformas não têm sido particularmente criteriosas em relação à base de pesquisa dos seus resultados. Na verdade, a pesquisa é frequentemente usada como uma retórica para justificar crenças preconcebidas sobre a suposta eficácia de mercados ou regimes de responsabilidade controlada, ou tem sido baseada – como no caso do trabalho de mercadização bastante divulgado de Chubb e Moe – em outras pesquisas bastante falhas. (Veja CHUBB e MOE, 1990; WHITTY, 1997).

---

[1] *Reading, riting e rithmetic* diz respeito à base fundamental da educação. Em português, diríamos: ler, escrever e contar.

[2] Para alternativas a essas políticas que demonstram a praticidade de possibilidades mais críticas e democráticas , veja APPLE e BEANE (1995) e APPLE e BEANE (1999).

Entretanto, não se importando quão radicais sejam essas propostas de "reformas" e quão falha seja sua base empírica de suporte, elas redefiniram o debate de toda a temática educacional. Depois de anos de ataques conservadores e de mobilizações, tornou-se claro que "ideias uma vez consideradas inacreditáveis, impossíveis de serem postas em prática – ou simplesmente extremas", estão, atualmente, cada vez mais sendo consideradas de bom senso (Gillborn, 1997b, p. 357).

Taticamente, a reconstrução do bom senso provou ser extremamente eficiente. Por exemplo, existem estratégias discursivas claras sendo empregadas aqui, caracterizadas por "falar claramente" e em uma linguagem que "todos possam entender." Eu não gostaria de ser totalmente negativo sobre isso. Sua importância é uma coisa que muitos educadores "progressistas" , incluindo muitos escritores de pedagogia crítica, ainda têm de entender (Apple, 1998; 1999). Essas estratégias não somente apresentam a posição de uma pessoa como sendo de "bom senso", como também nelas se encontra, em geral, taticamente implícito um tipo de conspiração com relação " aos adversários" de negar a verdade ou de dizer somente o que está "na moda" (Gillborn, 1997b, p. 353). Como Gillborn (1997b) comenta:

> Esta é uma técnica poderosa. Primeiramente, ela assume que não existem argumentos genuínos contra uma posição escolhida; qualquer posição contrária é vista como falsa, insincera ou servindo a interesses próprios. Em segundo lugar, a técnica apresenta o locutor como uma pessoa corajosa ou honesta o suficiente para falar o que (previamente) não poderia ser falado. Consequentemente, se assume um tom moral elevado e os adversários são ainda mais difamados. (p. 353)

É difícil não perceber essas características em algumas literaturas conservadoras, como, por exemplo, Herrnstein e Murray expondo a "verdade" impensável sobre genética e inteligência (Herrnstein e Murray, 1994) ou E.D. Hirsch e Diane Ravitch em recente "acalorada" discussão sobre a destruição da educação "séria" por educadores progressistas nos Estados Unidos (Hirsch, 1996; Ravitch, 2000).[3] Argumentos similares podem ser facilmente encontrados também em outros autores.

Mercados e resultados

Vamos tomar como exemplo uma das maneiras pelas quais funciona um elemento da modernização conservadora – o argumento neoliberal de que a

---

[3] Para uma análise crítica da lógica de seus argumentos e das falhas históricas, veja Apple (in press).

mão invisível do mercado irá levar inexoravelmente a melhores escolas. Como diz Roger Dale, "o mercado" age como uma metáfora, em vez de como um guia explícito para ação. Não é denotativo, mas conotativo. Então, ele deve por ele mesmo ser "mercadizado" para aqueles que irão funcionar e viver sobre os efeitos dele (citado em MENTER et.al., 1997, p. 27). Mercados são mercadizados, são legitimados por uma estratégia apolítica. Diz-se que eles são naturais e neutros, e governados por esforço e mérito. Os mercados são, supostamente, menos sujeitos à interferência política e ao peso dos procedimentos burocráticos e estão fundados em escolhas racionais de agentes individuais. Dessa maneira, os mercados e a garantia de recompensa por esforço e mérito devem ser acoplados para juntos produzir resultados "neutros", porém positivos (MENTER et.al., p. 27). Consequentemente, mecanismos devem ser colocados em um lugar que evidencie eficiência e eficácia empreendedora. Esse acoplamento de mercados e mecanismos para a geração de evidência de resultados é exatamente o que tem ocorrido. Se isso funciona, está aberto a questionamento. Na verdade, como eu vou mostrar em breve, na prática, políticas neoliberais, que envolvem "soluções" de mercado, podem de fato servir para reproduzir – não subverter – hierarquias tradicionais de raça e classe. Será que isso nos dá uma razão para fazer uma pausa?

Assim, em vez de levar em consideração os argumentos neoliberais como nos são apresentados, deveríamos querer questionar os efeitos ocultos que, frequentemente, ficam invisíveis na retórica e nas metáforas de seus proponentes. Vou selecionar alguns aspectos aos quais foi dada menos atenção do que merecem, mas sobre os quais já existe significante pesquisa internacional.

Vale a pena mencionar aqui a experiência inglesa, especialmente porque os defensores do mercado, como Chubb e Moe (1990), confiam muito nela e porque é aí que as tendências analisadas por mim estão mais avançadas. O Decreto Educacional (Educacional Act) de 1993, na Inglaterra, documenta o compromisso do Estado com a mercadização. Até recentemente, órgãos governamentais de autoridades regionais de educação têm sido obrigados, todos os anos, a considerar a mudança para o sistema mercadizado (ou seja, abandonar o controle do sistema educacional local e entrar no mercado competitivo) (POWER, HALPIN e FITZ, 1994, p. 27). Contudo, o Estado apoiou os jornais em peso para promover aí uma reforma neoliberal. Mas em vez de causar mudanças e diversificações no currículo, o mercado competitivo não criou nada que seja assim tão diferente dos modelos tradicionais tão firmemente estabelecidos nas escolas hoje (POWER, HALPIN e FITZ, 1994) e tampouco conseguiu mudar radicalmente as relações de desigualdade que caracterizam a escola (GILLBORN e YOUDELL, 2000).

Em suas amplas análises dos efeitos das reformas mercadizadas, Ball e seus colegas apontam algumas razões pelas quais precisamos ser cautelosos. Eles dizem que, nessas situações, princípios e valores educacionais são frequentemente comprometidos a tal ponto que questões comerciais se tornam mais importantes do que qualquer outra coisa na elaboração do currículo e na distribuição de recursos (BALL, BOWE e GEWIRTZ, p. 39). Por exemplo, a combinação de mercados com a demanda de publicações de indicadores de desempenho, tais como a "tabela da liga de exames" (*examination league tables*) na Inglaterra, significou que escolas estão, cada vez mais, procurando atrair pais "motivados" com filhos capazes. Assim, as escolas podem melhorar suas posições relativas nos sistemas locais de competição, o que representa uma mudança sutil, mas crucial em ênfase – e que não é tão amplamente discutida como deveria ser – das necessidades dos alunos para seu desempenho, e do que a escola faz para o aluno e do que o aluno, por sua vez, faz para a escola. Isso é seguido também, mais do que seria tolerável, por um desvio de recursos os quais deveriam ir para os alunos considerados especiais ou que possuem dificuldades de aprendizagem. Parte desses recursos são desviados para publicidade e relações públicas. Alunos com necessidades especiais, além de serem caros, prejudicam os resultados dos exames naquelas tão importantes "tabelas da liga".

O fato descrito acima dificulta o "gerenciamento das impressões públicas", assim como a condição de atrair os melhores e mais talentosos professores academicamente (BALL, BOWE e GEWIRTZ, 1994, p. 17-19). O projeto como um todo, no entanto, estabelece um conjunto novo de objetivos baseados na luta constante para se vencer o jogo do mercado. O significado disso é de grande importância não apenas no que diz respeito ao seu efeito na vida escolar diária, mas no modo como pode transformar aquilo que se considera uma boa sociedade e um cidadão responsável. Vou dizer alguma coisa sobre isso em termos gerais.

Percebi anteriormente que, por trás de todas as propostas educacionais, há visões de uma sociedade justa e um bom aluno. As reformas neoliberais que tenho discutido constroem isso de um modo próprio. A característica que define o neoliberal é baseada principalmente nos princípios centrais do liberalismo clássico, em particular o liberalismo econômico clássico, mas existem diferenças cruciais entre o liberalismo clássico e o neoliberalismo. Essas diferenças são absolutamente essenciais para o entendimento das políticas de educação e das transformações que a educação está sofrendo agora. Mark Olssen (1996) explica detalhadamente tais diferenças na passagem abaixo. Vale a pena citá-la na íntegra.

> Enquanto o liberalismo clássico representa um conceito negativo do poder do Estado no qual o indivíduo era considerado um objeto a ser libertado das intervenções do Estado, o neoliberalismo veio para representar um conceito positivo do papel do Estado na criação do mercado adequado através do fornecimento de condições, leis e instituições necessárias para sua operação. No liberalismo clássico o indivíduo é caracterizado como um ser que possui natureza humana autônoma e exerce sua liberdade. No neoliberalismo, o estado procura criar um indivíduo que seja empreendedor e competitivo. No modelo clássico, o objetivo teórico do estado era limitar e minimizar seu papel baseado em postulados que incluíam o egoísmo universal (o indivíduo interessado em si próprio); na mão invisível da teoria que ditava que os interesses do indivíduo eram também os interesses da sociedade como um todo e na máxima política do *laissez-faire*. Na troca do liberalismo clássico para o neoliberalismo, há então um elemento adicional pois tal mudança envolve uma troca na posição do objeto analisado de *homo economicus*, que naturalmente pensa em si próprio e é relativamente independente do Estado, para "homem manipulável", que é criado pelo estado e constantemente incentivado a sempre reagir *eternamente* da maneira esperada. Não que o conceito do autointeresse tenha sido substituído ou eliminado pelos novos ideais do neoliberalismo, mas numa época de bem-estar universal as possibilidades de indolência criam necessidades para novas formas de vigilância, investigação, avaliação de desempenho e outras formas de controle em geral. Nesse modelo, o Estado tomou para si a função de nos manter na linha. O Estado vai se certificar que cada um faça de si um "empreendimento constante"... em um processo de "governar sem ser governado". (p. 340)

Os resultados da pesquisa de Ball e seus colegas mostram como de fato o Estado faz isso, dando ênfase à estranha combinação de individualismo mercadizado e controle através de avaliação pública constante. Tabelas de resultados amplamente divulgadas determinam o valor relativo de cada indivíduo no mercado educacional, mas apenas as escolas com indicadores de desempenho crescente são consideradas, e somente aqueles alunos que podem fazer de si um "empreendimento constante" podem manter tais escolas na direção "certa", discussão que retomarei brevemente. Contudo, apesar desses assuntos serem importantes, eles ainda não esclarecem alguns mecanismos mediante os quais efeitos diferenciais são produzidos via reformas neoliberais. Aqui, assuntos que envolvem classe social tornam-se importantes, como esclarecem Ball, Bowe e Gewirtz.

Pais de classe média levam de longe mais vantagem nesse tipo de agrupamento cultural e, pelo que vimos, não só porque as escolas os procuram. Esses pais tornaram-se bem preparados na exploração dos mecanismos do mercado na área de educação e em trazer seu capital social, econômico e cultural para representá-los. "Os pais da classe média têm mais chances de ter o conhecimento, as habilidades e os contatos para decodificar e manipular os sistemas não regulamentados de escolha e recrutamento que se tornam mais complexos a cada dia. Quanto menos regulamentados os sistemas, mais possibilidades de se empregar procedimentos informais. A classe média, de um modo geral, tem também mais recursos para movimentar seus filhos dentro do sistema" (BALL, BOWE e GEWIRTZ, 1994, p. 19). Entretanto, em muitas nações, classes sociais e raças se cruzam e interagem de maneiras complexas. Porque os sistemas mercadizados na educação frequentemente e expressamente têm sua *raison d'etre* consciente e inconsciente no medo "do Outro" e são geralmente expressões veladas de manipulação racial das políticas educacionais, os resultados diferenciados serão naturalmente e obviamente baseados na raça e classe social (OMI e WINANT, 1994; MCCARTHY e CRICHLOW, 1994; MCCARTHY, 1998).

Capital econômico e social pode ser convertido em capital cultural de várias maneiras. Em planos mercadizados, pais mais influentes frequentemente têm horas mais flexíveis e podem visitar várias escolas. Eles têm carro, mais de um frequentemente, e têm condições financeiras de levar seus filhos para o outro lado da cidade para que possam frequentar uma escola "melhor". Podem também propiciar certos recursos culturais como acampamentos e atividades extraescolares (dança, música, aulas de informática etc) que dão a seus filhos uma "facilidade", um "estilo" que parece "natural" e representa um conjunto de recursos culturais. A bagagem anterior de capital social e cultural dos pais, as pessoas que eles conhecem, o modo "confortável" que encontros sociais entre pais e autoridades escolares ocorrem, é algo que não se vê, mas representa um estoque poderoso de recursos. Assim, pais mais influentes têm mais chances de possuir o conhecimento e a habilidade informal, o que Bourdieu (1984) chamaria de *habitus*, para conseguir decodificar e utilizar formas mercadizadas em benefício próprio. Essa ideia, que poderia ser chamada de "confiança", é o resultado das escolhas feitas no passado, que depende - tacitamente, mas nem por isso menos eficiente - dos recursos econômicos para ter a habilidade de fazer escolhas econômicas; também é o capital que não é visto e que apoia a capacidade dos pais de negociar formas mercadizadas e "manipular o sistema" por meio de um conjunto de regras culturais informais (BALL, BOWE e GEWIRTZ, 1994, p. 20-22; e BERNSTEIN 1990; 1996).

É claro que pais da classe trabalhadora, pobres e/ou imigrantes não são de modo algum desprovidos dessas habilidades. Afinal de contas, é preciso ter muita habilidade, coragem e recursos, sociais e culturais, para sobreviver em condições sociais exploradoras e deprimentes. Laços comunitários, redes e contatos informais e habilidade de manipular o sistema são desenvolvidos de um modo sutil, inteligente e frequentemente impressionante (ver FINE e WEIS,

1998; DUNEIER, 1999). No entanto, a combinação entre o *habitus* tradicional que se espera nas escolas, de seus representantes e daqueles pais mais influentes, e os recursos de material disponível para pais mais influentes leva em geral a uma conversão bem-sucedida de capital econômico e social em capital cultural (BOURDIEU, 1996). E isto é exatamente o que está acontecendo em muitas nações (ver, por exemplo, LAUDER e HUGHES, 1999).

Ambas as suposições sobre o que está acontecendo dentro das escolas e sobre conjuntos maiores de relações de poder são apoiadas por análises sintéticas ainda mais recentes dos resultados gerais dos modelos mercadizados. A pesquisa dos efeitos dessa combinação eficaz, mas ainda tensa, de políticas neoliberais e neoconservadoras examina as tendências internacionais por meio da comparação do que tem acontecido em muitas nações como os Estados Unidos, a Inglaterra e o País de Gales, a Austrália e a Nova Zelândia. Os resultados confirmam os argumentos que usei aqui. Deixe-me fazer um ensaio com alguns dos achados mais significantes e intrigantes dessa pesquisa.

Infelizmente o modo mais comum de se medir o "sucesso" das reformas escolares é mediante de resultados de testes de avaliação padronizados. E isso simplesmente não é satisfatório. Precisamos questionar o que as reformas fazem para as escolas como um todo e para cada um de seus participantes incluindo professores, alunos, administradores, membros da comunidade, ativistas locais e assim por diante. Para citar um exemplo, à medida que as escolas mercadizadas "autogerenciadas" crescem em muitos países, o papel do diretor é transformado radicalmente. Na verdade, a estrutura administrativa recebe mais poder e não menos. Gasta-se mais tempo e energia para manter ou melhorar a imagem de "boa escola" com o público e menos tempo e energia em conteúdo curricular e pedagógico. Ao mesmo tempo, os professores parecem estar experimentando não um aumento de autonomia e profissionalismo, mas sim sua intensificação. E inexplicavelmente, como foi observado antes, as escolas se tornam mais parecidas e mais comprometidas com métodos de ensino padronizados e tradicionais e com currículos também padronizados e tradicionais (e frequentemente monoculturais) (WHITTY, POWER e HALPIN, 1998, p. 12-13). Voltar nossa atenção apenas para resultados de exames nos faria perder transformações verdadeiramente profundas, e muitas delas preocupantes.

Uma das razões pelas quais os efeitos mais abrangentes são produzidos é que em muitos países visões neoliberais de "quase-mercados" são geralmente acompanhadas por uma pressão neoconservadora para regular o conteúdo e o comportamento por meio de instrumentos como um currículo nacional, padrões nacionais e sistemas nacionais de avaliação. A combinação é histórica e politicamente contingente, ou seja, não é absolutamente necessário que as duas ênfases se combinem. Mas há características do neoliberalismo que tornam mais provável que uma ênfase em um estado fraco e uma fé nos mercados será seguida por uma ênfase em um estado forte e no compromisso da regulamentação do conhecimento, dos valores e do corpo (APPLE, 2001).

Isso vem ao caso em parte em virtude do poder crescente do "estado avaliativo" e do fato de ser constituído por membros da classe média profissional e gerencial. Isso significa algo que a princípio pode ser contraditório. Ao mesmo tempo em que o Estado parece estar delegando poder a indivíduos e instituições autônomas que estão competindo cada vez mais no mercado, ele permanece soberano nas áreas mais importantes (WHITTY, POWER e HALPIN, 1998, p. 36). Como disse anteriormente, uma das principais diferenças entre o liberalismo clássico e sua fé nos "indivíduos inovadores" no mercado e as formas atuais de neoliberalismo é o comprometimento do último com um Estado regulador. O neoliberalismo exige uma constante produção de evidências de que o indivíduo está de fato "inovando a si mesmo" (OLSSEN, 1996). Vista então sob essa ótica, a educação não se torna apenas um bem mercadizado como pão e carros, nos quais os valores, procedimentos e metáforas de negócio predominam, mas um bem cujos resultados devem ser reduzidos a "indicadores de desempenho" padronizados (WHITTY, POWER e HALPIN, 1998, p. 37-38; ver também CLARKE e NEWMAN, 1997). Além de esse fato ser a evidência daquilo que Broadfoot chamou de "desempenhabilidade" (BROADFOOT, 2000, p. 365), ele se encaixa perfeitamente na tarefa de prover mecanismos para as tentativas neoconservadoras de especificar quais conhecimentos, valores e comportamentos deveriam ser padronizados e definidos oficialmente como "legítimos" (APPLE, 2001).

Fundamentalmente, o que estamos testemunhando é um processo no qual o Estado transfere a culpa das desigualdades evidentes ao acesso e aos resultados que ele próprio prometeu reduzir para as escolas, para os pais e para os filhos. Isso também, é claro, faz parte de um processo maior no qual grupos economicamente dominantes transferem a culpa pelos efeitos desastrosos de suas próprias decisões mal tomadas para o Estado. O Estado se vê, então, cara a cara com uma crise de legitimidade. Por isso não devemos nos surpreender se o estado tentar exportar essa crise para longe de si (APPLE, 1995)[4].

É claro que o Estado não é apenas influenciado pelas classes sociais, mas intrinsecamente também pelo sexo e pela raça (FRASER, 1989; EPSTEIN e JOHNSON, 1998; MIDDLETON, 1998). Isso é evidente nos argumentos de Whitty, Power e Halpin que apontam para a natureza sexista no modo que o gerenciamento das

---

[4] A esse respeito podemos dizer que isto seja responsável pelo fracasso de algumas partes da chamada "teoria sinalizadora", especialmente naqueles aspectos que assumem que o Estado é necessariamente bem-sucedido em se legitimar por meio de sinais de seu comprometimento com, digamos, igualdade de oportunidades e possibilidades educacionais melhoradas para cidadãos de todas as classes sociais. Quanto à teoria sinalizadora, ver Fuller (1991).

escolas é conduzido, já que modelos de negócio "machistas" tornam-se cada vez mais dominantes (WHITTY, POWER e HALPIN, 1998, p. 60-62; ver também ARNOT, DAVID e WEINER, 1999). Apesar de existir o risco dessas declarações tornarem-se simplesmente argumentos reduzidos e essenciais, pode-se dizer que há fundamento nelas. Esses argumentos baseiam-se em trabalhos de outros pesquisadores, dentro e fora da educação, que reconhecem nossas definições de público e privado, qual conhecimento é de maior valor e de como as instituições deveriam ser vistas e administradas e estão intimamente ligados à natureza sexista dessa sociedade (FRASER, 1989; 1997). Esses efeitos ideológicos mais amplos – como a colisão entre neoliberais e neoconservadores que expande os discursos e as práticas de um novo gerenciamento da classe média, a masculinização de teorias, políticas e linguagem gerencial – são de grande importância e dificultam uma mudança de atitude em direções mais críticas.

Efeitos mais próximos dentro das escolas são também surpreendentes. Por exemplo, apesar de os diretores aparentemente terem mais poder dentro dos seus domínios que são essas escolas supostamente descentralizadas, em virtude do fortalecimento de políticas neoconservadoras, eles "se veem forçados cada vez mais a uma posição na qual eles têm que mostrar desempenho, assim como um currículo prescrito centralizado em um contexto no qual eles têm cada vez menos controle" (WHITTY, POWER e HALPIN, 1998, p. 63).

Por causa da intensificação acima mencionada, diretores e professores experimentam maiores cargas de trabalho, demandas crescentes em termo de responsabilidades, agendas intermináveis de reuniões, assim como, muitas vezes, uma escassez cada vez maior de recursos tanto emocionais quanto físicos (WHITTY, POWER e HALPIN, 1998, p. 67-68; GILLBORN e YOUDELL, 2000).

Além do mais, como visto na pesquisa referente à Inglaterra, em quase todos os países estudados, o mercado não encorajou diversificação dos currículos, da pedagogia, da organização, da clientela ou da imagem. Ao contrário, desvalorizou consideravelmente as alternativas, assim como reforçou o poder dos modelos dominantes. Significativamente, o mercado exacerbou as desigualdades de acesso e resultados, baseadas em fatores como os de raça, etnia e classe (GILLBORN e YOUDELL, 2000).

Essa volta a um "tradicionalismo" levou a uma série de problemas. Deslegitimou modelos mais críticos de ensino e aprendizagem, ponto crucial para reconhecer, em qualquer tentativa de análise, as possibilidades de reivindicações culturais e pedagogias críticas nas escolas. Reintroduziu uma estratificação dentro da escola e diminuiu a possibilidade de ocorrência do *Detracking* e *Destreaming*. Maior importância foi dada às crianças dotadas e às classes "mais avançadas" (*Fast Track*) enquanto estudantes menos capazes, academicamente falando, eram considerados "menos atraentes". Na Inglaterra, a prova disso foi a exclusão alarmante de estudantes das escolas, causada por uma pressão constante visando mostrar melhores taxas de sucesso. Isso foi particularmente marcado em contextos mercadizados nos quais a "principal força motriz parecia ser mais comercial do que educacional" (WHITTY, POWER e HALPIN, 1998, p. 80).

Varias análises desses resultados preocupantes e bastante ocultos demonstram que, entre os efeitos perigosos dos "quase-mercados", existem maneiras pelas quais as escolas, querendo manter ou aumentar sua posição no mercado, podem engajar-se em um processo de "seleção da nata", assegurando assim que apenas certos tipos de estudante com características particulares sejam aceitos, e outros recusados. Em algumas escolas, estereótipos reproduziram-se, tais como estudantes de sexo feminino ou de algumas comunidades asiáticas serem considerados mais valiosos. Crianças afro-caribenhas, ao contrário, são claramente perdedoras nesse contexto (WHITTY, POWER e HALPIN, 1998; GEWIRTZ, BALL e BOWE, 1995; GILLBORN e YOUDELL, 2000).

Até agora, concentrei-me na Inglaterra. Mas, como mencionei na introdução, esses movimentos são realmente globais. As suas lógicas expandiram-se rapidamente para atingir muitas nações, com resultados que tendem a espelhar o que foi discutido até este ponto. O caso da Nova Zelândia é interessante, já que uma grande porcentagem da população desse país é multiétnica e a nação passou por uma história de tensões raciais e desigualdades. Além do mais, a mudança para uma política da Nova Direita ocorreu lá mais rapidamente do que em outros lugares. Assim, a Nova Zelândia tornou-se o laboratório de muitas políticas que estou analisando. O seu valioso estudo, baseado em grande parte no aparato conceitual, influenciado por Pierre Bourdieu, Lauder e Hughes (1999), documenta que mercados educacionais parecem levar a um declínio geral dos padrões educacionais.

Paradoxalmente, esses mercados têm um efeito negativo no desempenho das escolas, cujo público é composto principalmente de populações da classe operária e das minorias étnicas. Basicamente, as escolas transferem as oportunidades das crianças menos privilegiadas para as já favorecidas. Essa combinação de políticas neoliberais de mercado e o enfoque neoconservador em padrões mais rígidos criam um conjunto de condições cada vez mais perigoso. A sua análise confirma os argumentos conceituais e empíricos de Ball, Brown e outros, segundo os quais os mercados na educação não são apenas respostas achadas pelo capital para reduzir o papel do Estado e o controle público, mas também para se inscreverem em uma tentativa, por parte da classe média, de alterar as regras de competição na educação, em vista das inseguranças cada vez maiores às quais seus filhos estão sendo submetidos. Ao mudar o processo de seleção escolar, os pais da classe média podem aumentar as chances dos seus filhos, criando mecanismos fortes de exclusão da classe operária e dos povos das ex-colônias e lutando por uma igualdade de oportunidade (LAUDER e HUGHES, 1999, p. 49; BROWN, 1997).

Os resultados da Nova Zelândia não apenas espelham os dados achados em outros lugares, como demonstram que, quanto mais as práticas seguem a lógica de ação contida nos princípios mercadológicos, pior se torna a situação. Os mercados sistematicamente privilegiam famílias com maior status socioeconômico mediante o seu conhecimento e dos seus recursos materiais. Essas são as famílias que melhor podem exercer uma escolha. Em vez de oferecer ao grande número de estudantes da classe operária, aos pobres e às minorias étnicas a capacidade de se formar, são, na maioria das vezes, famílias com alto poder aquisitivo que se formam em escolas públicas e escolas com populações mistas. Em uma situação de competição que produz uma espiral de declínio, na qual escolas frequentadas por estudantes mais pobres e estudantes de minorias raciais são novamente e sistematicamente desfavorecidas, e escolas com maior status socioeconômico e frequentadas por uma maior proporção de brancos são capazes de se isolar dos efeitos da competição do mercado (LAUDER e HUGHES, 1999, p. 101.) Essa "ascensão branca" aumenta então o status relativo dessas escolas já privilegiadas por maiores forças econômicas e, para os outros, a educação torna-se mais polarizada e continua decaindo (LAUDER e HUGHES, 1999, p. 132).

Especificidades nacionais

Entretanto, precisamos ter cuidado para não ignorar especificidades históricas e realidades comparativas. Movimentos sociais, formações ideológicas existentes e instituições da sociedade civil e do Estado podem prover algum suporte para contrabalançar essa lógica. Em alguns casos, nas nações com histórias de políticas sociais democráticas e visão de liberdades coletivas positivas, a ênfase neoliberal tem sido significativamente mediada. Assim, Petter Aasen (1998) demonstrou que na Noruega e na Suécia, por exemplo, iniciativas de privatização da educação tiveram de lidar com um maior engajamento coletivo do que, digamos, nos Estados Unidos, na Inglaterra e na Nova Zelândia. Todavia, esses engajamentos repousam em parte sobre compromissos de classe e semelhanças étnicas. Eles se enfraquecem quando dinâmicas raciais são levadas em consideração. Assim, o sentimento de que "todos são iguais" e sujeitos a sensibilidades coletivas semelhantes é desafiado pelo crescimento das populações imigrantes oriundas da África, da Ásia e do Oriente Médio. Maior afinidade para com formas mercadizadas pode acontecer, uma vez que proposições, geralmente aceitas, do que significa ser, digamos, norueguês ou sueco, são interrompidas por populações de etnias diferentes que reivindicam agora o status de cidadania nacional. Eis por que pode acontecer que as sensibilidades coletivas que se mostram a favor de políticas menos voltadas para o mercado são baseadas sobre um "contrato racial" não reconhecido que aponta as fundações ideológicas de uma "sociedade nacional imaginária" (ANDERSON, 1999, MILLS, 1997). Isso pode também gerar suporte para políticas neoconservadoras, não por causa do compromisso neoliberal com uma "reação perpétua" mas, antes, com uma forma de restauração cultural, uma forma de retornar a um passado imaginário, o de "quando éramos um".

Por causa disso, é imprescindível que qualquer análise do atual jogo de forças acerca da modernização conservadora leve em consideração o fato de que tais movimentos estão não apenas em constante mudança, mas também que esses movimentos comportam dinâmicas convergentes e divergentes, incluindo fatores de classe, bem como de raça e gênero (ARNOT-DAVID e WEIMER, 1999; APPLE, 2000). É desnecessário dizer que essas dinâmicas têm seus próprios ritmos e especificidades nas diferentes nações, com histórias diferentes de articulações e interações. Sem dúvida, eu argumentaria inclusive, que a maneira como elas todas interagem é uma das questões mais importantes do estudo sobre a educação comparativa.

Embora a maior parte dos dados que levantei provenha de escolas fora dos Estados Unidos, esses dados deveriam ser interpretados com cautela e nos fazer refletir se é aconselhável fazer proceder as mesmas políticas nos Estados Unidos e em outros lugares. Entretanto, os Estados Unidos ocupam ainda uma posição central no que foi escrito sobre este assunto. Por exemplo, escolas conveniadas – *Charter* – e seus equivalentes nos Estados Unidos e na Inglaterra estão também sendo analisadas minuciosamente. Em ambos os lugares, embora precisemos ser cuidadosos ao generalizar, elas tendem a atrair os pais que vivem e trabalham em comunidades relativamente privilegiadas. Aqui também, parece que as novas oportunidades estão sendo acolhidas pelos já afortunados mais que pelos "perdedores", identificados por Chubb e Moe (WHITTY, POWER e ALPIN, 1998, p. 98; WELLS, 1999). Isso é intensamente confirmado pelo recente estudo de McNeil sobre as maneiras pelas quais o enfoque no "desempenho", no uso de modelos industriais, nas formas redutoras de responsabilidade e na padronização dos currículos e do ensino reproduzem as divisões sociais e criam realmente outras divisões nas escolas urbanas dos Estados Unidos (MAC NEIL, 2000).

Em suma, as conclusões gerais são claras. Nas circunstâncias atuais, é bem provável que a escolha reforce hierarquias ao mesmo tempo em que aprimora as oportunidades educacionais e a qualidade global da educação (WHITTY, POWER e HALPIN, 1998, p. 14). Ao contrário dos que acreditam que o que estamos testemunhando com a emergência de programas de "qualidade" é a celebração pós-moderna da diferença, Whitty, Power e Halpin (1998) argumentam que:

> Existe um conjunto crescente de evidências empíricas que demonstra que o enfoque na escolha parental e na autonomia escolar, em vez de beneficiar aos mais desfavorecidos, os prejudica ainda mais na competição de mercado. Para os grupos mais desfavorecidos, exceto alguns indivíduos que saem das escolas no nível mais baixo da hierarquia social, a nova organização parece ser apenas uma maneira mais sofisticada de reproduzir distinções tradicionais entre os diferentes tipos de escolas e de populações que as frequentam. (p. 42)

Tudo isso nos dá ampla razão para sustentar os argumentos clarividentes de Henig para quem a triste ironia do movimento atual de reforma educacional é que, por meio da identificação maciça com propostas de opção escolar ancorada em ideias mercantis, o impulso saudável de considerar reformas radicais para responder aos problemas sociais, pode ser canalizado em iniciativas que corroem cada vez mais o potencial de deliberação e resposta coletiva (HENIG, 1994, p. 222).

Não obstante, a possibilidade ou necessidade de reformar a escola não deve ser descartada. É preciso considerar seriamente a probabilidade de que todas as escolas só terão sucesso quando as características socioeconômicas exógenas forem tomadas em consideração, e não apenas as características organizacionais das escolas ditas "bem-sucedidas". Eliminar a pobreza mediante melhor distribuição de renda, estabelecer programas mais eficientes e justos de saúde e de acesso à moradia e recusar-se terminantemente a continuar com as políticas de exclusão racial e degradação explícitas e não explícitas, que ainda caracterizam a vida quotidiana de tantas nações (nas quais planos mercadológicos podem ser vistos como uma estrutura cuja meta é evitar o corpo e a cultura "do Outro"), são todas questões que, se levadas a sério, poderão contribuir para o alcance de um progresso substancial.

Esses achados empíricos tornam-se mais compreensíveis com a análise de Pierre Bourdieu sobre o peso relativo que é dado ao capital cultural como parte das estratégias de mobilidade atuais (BOURDIEU, 1996). A importância crescente do capital cultural infiltra-se em todas as instituições de tal forma que existe um movimento relativo de afastamento da reprodução direta dos privilégios de classe (nos quais o poder é amplamente transmitido às famílias pela propriedade econômica) para aproximar-se de formas de privilégios de classe mediados pela escola. Aqui, o legado dos privilégios é simultaneamente efetuado e transfigurado pela intercessão das instituições educacionais (WACQUANT, 1996, p. xiii). Não se trata de uma conspiração, de algo consciente, mas antes do resultado de uma longa cadeia de conexões relativamente autônomas entre o capital econômico, o social e o cultural acumulado de modo diferenciado e operando nos acontecimentos quotidianos, à medida que achamos os nossos próprios caminhos no mundo, incluindo, como temos visto, o mundo da escolha escolar.

Então, mesmo sem tomar uma posição determinista inflexível, Bourdieu argumenta que um *habitus* de classe tende a reproduzir as condições da sua própria reprodução de modo "inconsciente". Esse *habitus* faz isso produzindo um conjunto relativamente coerente e sistematicamente característico de estratégias aparentemente naturais e inconscientes, maneiras de compreender o mundo e agir nele que funcionam como formas de capital cultural que podem ou são empregadas para proteger e acentuar o status de alguém no campo social do poder. Bourdieu compara esse *habitus* ao modo de escrever.

> Do mesmo modo que a aquisição chamada "caligrafia", maneira particular de escrever, sempre produz o mesmo resultado – isto é linhas gráficas que, apesar de diferenças em tamanho, matéria e cores relacionadas com a superfície sobre a qual se escreve (papel, quadro negro) e o instrumento escolhido (lápis, caneta ou giz), isto é, apesar de diferenças em termo de veículos escolhidos para a ação, têm uma afinidade de estilo ou uma semelhança familiar, as práticas de um único agente ou, mais amplamente, as práticas de todos os agentes tendo o mesmo *habitus*, devem também sua afinidade de estilo, que faz de cada um uma metáfora dos outros, ao fato de que eles são os produtos da implementação em campos diferentes do mesmo esquema de percepção, pensamento e ação. (p. 273)

Essa conexão de *habitus* através dos campos do poder – a facilidade com a qual os recursos econômicos, sociais e culturais se apoiam em "mercados" –, permite um conforto entre os mercados e indivíduos que caracteriza o agente da classe média. Isso constantemente produz efeitos diferenciais. Esses efeitos não são neutros, o que quer que seja que os advogados do neoliberalismo sugerem. Eles são os resultados de um tipo de moralidade particular. Ao contrário das condições do que pode ser chamado de densa moralidade na qual princípios do bem comum representam a base ética necessária para pronunciar-se sobre políticas e práticas, mercados são baseados em princípios agregativos. Eles são constituídos com base em uma soma de bens individuais e de escolhas fundados em direitos individuais e de propriedade, que permitem aos cidadãos abordar problemas de interdependência mediante trocas, bem como oferecem um excelente exemplo de baixa moralidade o que gera uma hierarquia e uma divisão baseadas em um individualismo competitivo (BALL, BOWE e GEWIRTZ, 1994, p. 24). Nessa competição, o perfil geral dos ganhadores e dos perdedores em um mundo de modernização conservadora tem sido identificado empiricamente.

Conclusão

Neste artigo eu enfatizei particularmente algumas das mais importantes dinâmicas que envolvem a globalização na educação – o aumento do poder de discursos e políticas neoliberais referentes à privatização, à mercadização, ao comportamento e ao "indivíduo empreendedor". Enquanto procurei demonstrar os efeitos verdadeiramente internacionais das políticas neoliberais – e as realidades diferenciais que elas tendem a produzir em escolas autênticas –, também sugeri que não podemos simplesmente enumerar os efeitos dessas políticas abstratamente. Os seus usos e efeitos são historicamente dependentes uma vez que são, pelo menos parcialmente, dependentes do equilíbrio das forças em cada nação e das maneiras que tendências progressistas foram instituídas em cada Estado. Entretanto, eu também sugeri que qualquer análise desses discursos e políticas tem de, obrigatoriamente, considerar criticamente os efeitos de classe, raça, e sexo no universo das pessoas que se beneficiam especificamente da sua institucionalização e das suas funções contraditórias dentro do terreno real do poder social.

Tenho também outro tema para uma agenda. Muito frequentemente, análises da globalização e da intricada combinação de neoliberalismo e neoconservadorismo se mantêm em um nível metateórico, desconectado das verdadeiras realidades vividas em escolas, por professores e comunidades autênticas. Apesar de tal trabalho metateórico ser crucial, o uso exagerado dele deixou uma lacuna. Ao mesmo tempo em que progressistas desenvolvem seus programas teóricos, as forças da modernização conservadora previsivelmente preenchem esse espaço vago com demandas (aparentemente) muito mais fundadas sobre a suposta eficácia para as "soluções" que elas definem como "nossos" problemas educacionais. A não ser que falemos criticamente e especificamente da construção desses problemas e as soluções que eles propõem internacionalmente, receio que a educação comparativa irá desabar na irrelevância – como mais uma especialização acadêmica misteriosa que pode ser ignorada, para não falar das reconstruções que presenciamos ao nosso redor. Como é lembrado por Pierre Bourdieu, uma das mais importantes atividades em que os acadêmicos podem se envolver durante esse período de racionalismo econômico e imperialismo neoconservador é analisar criticamente a produção e circulação desses discursos e dos seus efeitos na vida de tantas pessoas em tantas nações (BOURDIEU, 1998, p. 29). Eu insistiria que desempenhássemos esse papel ainda mais seriamente do que desempenhamos no passado.

Referências

AASEN, P. What happened to social democratic progressivism in Scandinavia? Unpublished paper, Department of Education, Norwegian University for Science and Technology, Trondheim, Norway, 1998.

ANDERSON, B. *Imagined communities*. New York-: Verso, 1991.

APPLE, M.W. *Teachers and texts*. New York: Routledge, 1988.

—————. *Education and power*, second edition. New York, Routledge, 1995.

—————. *Cultural politics and education*. New York: Teachers College Press, 1996.

—————. *Power, meaning, and identity*. New York: Peter Lang, 1999.

—————. *Official knowledge*, second edition. New York: Routledge, 2000.

—————. *Educating the "right" way: markets, standards, god, and inequality*. New York: Routledge, 2001.

—————. (in press) Standards, subject matter, and a romantic past, *Educational policy*.

APPLE, M.W. & BEANE, J.A. (Eds). *Democratic schools*. Washington: Association for Supervision and Curriculum Development, 1995.

APPLE, M.W. & BEANE, J.A. (Eds). *Democratic schools: lessons from the chalk face* Buckingham: Open University Press, 1999.

BALL, S.; BOWE, R. & GEWIRTZ, S. Market forces and parental choice, in: S. Tomlinson (Ed). *Educational reform and its consequences*. London: IPPR/Rivers Oram Press, 1994.

BENNETT, W. *Our Children and Our Country*. New York: Simon and Schuster, 1988.

—————. *The Structuring of Pedagogic Discourse*. New York: Routledge, 1990.

—————. *Pedagogy, symbolic control, and identity* (Bristol: PA, Taylor and Francis, 1996.

BOURDIEU, P. *Distinction*. Cambridge: Harvard University Press, 1994.

—————. *The state nobility*. Stanford: Stanford University Press, 1996.

—————. *Acts of resistance*. Cambridge: Polity Press, 1998.

BROADFOOT, P. Comparative education for the 21st Century, *Comparative Education*, 36, 2000, p. 357 371.

BROWN, P. Cultural capital and social exclusion. In: HALSEY, A. H.; Lauder, H.; BROWN, P. & WELLS, A.S. (Eds). *Education: culture, economy, and society*. New York: Oxford University Press, 1997.

CHUBB, J. & MOE, T. *Politics, markets, and America's schools*. Washington: Brookings Institution, 1990.

CLARKE, J. & NEWMAN, J. *The managerial state*. Thousand Oaks: CA, Sage, 1997.

CROSSLEY, M. Bridging Cultures and Tradition in the Reconceptualisation of Comparative and International Education, *Comparative education*, 36, 2000, p. 319-332.

DALE, R. The Thatcherite Project in Education, *Critical Social Policy*, 9, 1989/90, p. 4-19.

DUNEIER, M. *Sidewalk*. New York: Farrar, Straus, and Giroux, 1999.

EPSTEIN, D. & JOHNSON, R. *Schooling sexualities*. Philadelphia: Open University Press, 1998.

FINE, M. & WEIS, L. *The unknown city*. Boston: Beacon Press, 1998.

FRASER, N. *Unruly practices*. Minneapolis: University of Minnesota Press, 1989.

——————. *Justice interruptus*. New York: Routledge, 1997.

FULLER, B. *Growing up modern*. New York: Routledge, 1991.

GEWIRTZ, S., BALL, S., & BOWE, R. *Markets, choice, and equity in education* Philadelphia: Open University Press, 1995.

GILLBORN, D. Race, nation, and education, unpublished paper, Institute of Education, University of London, 1997a.

——————. Racism and reform, *British educational research journal*, 23, 1997b, p. 345-360.

GILLBORN, D. & YOUDELL, D. *Rationing education*. Philadelphia: Open University Press, 2000.

HENIG, J. *Rethinking School Choice*. Princeton: NJ, Princeton University Press, 1994.

HERRNSTEIN, R. & MURRAY, C. *The bell curve*. New York: Free Press, 1994.

HIRSCH, E. D., Jr. *The schools we want and why we don't have them*. New York: Doubleday, 1996.

KLIEBARD, H. *The struggle for the american curriculum*. New York: Routledge, 1986.

LITTLE, A. Development studies and comparative education, *Comparative Education*, 36, 2000, p. 279-296.

LAUDER, H. and HUGHES, D. *Trading in places*. Buckingham: Open University Press, 1999.

MCCARTHY, C. *The uses of culture*. New York, Routledge, 1998.

MCCARTHY, C. and CRICHLOW, W. (Eds). *Race, identity, and representation in education*. New York: Routledge, 1994.

MCCULLOCH, G. Privatizing the past? *British Journal of Educational Studies*, 45, 1997, p. 69-82.

MCNEIL, L. *Contradictions of school reform*. New York: Routledge, 2000.

MENTER, I., MUSCHAMP, P., NICHOLLS, P., OZGA, J., with POLLARD, A. *Work and Identity in the Primary School*. Philadelphia: Open University Press, 1997.

MIDDLETON, S. *Disciplining sexualities*. New York: Teachers College Press, 1998.

MILLS, C. *The racial contract*. Ithaca, New York: Cornell University Press, 1997.

O'HEAR, P. An alternative national curriculum, in: S. Tomlinson (Ed) *Educational reform and its consequences*. London: IPPR/Rivers Oram Press, 1994.

OLSSEN, M. In defence of the welfare state and publicly provided education, *Journal of education policy*, 11, 1996, p. 337-362.

OMI, M. And WINANT, H. *Racial formation in the United States*. New York: Routledge, 1994.

POWER, S., HALPIN, D., and FITZ, J. Underpinning choice and diversity? In: S. Tomlinson (Ed) *Educational reform and its consequences*. London: IPPR/Rivers Oram Press, 1994.

RANSON, S. Theorizing educational policy, *Journal of Education Policy*, 10, 1995, p. 427-448.

RAVITCH, D. *Left back*. New York: Simon and Schuster, 2000.

RURY, J. and MIREL, J. The Political Economy of Urban Education. In: APPLE, M.W. (Ed.). *Review of Research in Education, Volume 22*. Washington: DC, American Educational Research Association, 1997.

SEDDON, T. Markets and the English, *British Journal of Sociology of Education*, 18, 1997, p. 165-185.

SELDEN, S. *Inheriting shame*. New York: Teachers College Press, 1999.

TEITELBAUM, K. *Schooling for good rebels*. New York: Teachers College Press, 1996.

WACQUANT, L. Foreword to P. Bourdieu, *The state nobility*. Stanford: Stanford University Press, 1996.

WELLS, A.S. *Beyond the rhetoric of charter school reform*. Los Angeles: UCLA Graduate School of Education and Information Studies, 1999.

WHITTY, G. Creating quasi-markets in education, in: M.W. Apple (Ed) *Review of research in education*, v. 22. Washington: DC, American Educational Research Association, 1997.

WHITTY, G., EDWARDS, T., and GEWIRTZ, S. *Specialization and Choice in urban education*. New York: Routledge, 1993.

WHITTY, G., POWER, S., and HALPIN, D. *Devolution and choice in education* Buckingham: Open University Press, 1998.

Os autores

Olgaíses Maués

Professora do Centro de Educação da Universidade Federal do Pará.

E-mail: olgaises@uol.com.br.

Eloisa Helena Santos

Professora da Faculdade de Educação da UFMG, doutora em Ciências da Educação pela Universidade de Paris VIII, pós-doutora em Sociologia de Trabalho pela Universidade de Paris X. Membro do Núcleo de Estudos sobre Trabalho e Educação – NETE.

E-mail: heloisa@fae.ufmg.br

Genylton Odilon Rêgo da Rocha

Professor do Centro de Educação da Universidade Federal do Pará. Doutor em Geografia pela USP.

E-mail: genylton@ufpa.br

Rosemary Dore Soares

Professora da Faculdade de Educação da UGMG, doutora em Educação pela USP.

E-mail: rrosedore@yahoo.it

Josenilda Maués

Sou mestre e doutora em Educação: Currículo, pela PUC de São Paulo e Coordeno a Linha de Pesquisa Currículo e Formação de Professores do Mestrado em Educação do Centro de Educação da UFPa.

E-mail: jomaues@ufpa.br

Michael W. Apple

Professor da Universidade de Wisconsin, Madison.

Este livro foi composto com tipografia Times New Roman e impresso em papel Off set 75 g..